成功企业管理制度与表格典范丛书

行政管理必备制度与表格典范

杨宗岳◎编著

企业管理出版社

图书在版编目（CIP）数据

行政管理必备制度与表格典范 / 杨宗岳编著.—北京：企业管理出版社，2020.7
ISBN 978-7-5164-2145-1

Ⅰ.①行… Ⅱ.①杨… Ⅲ.①企业管理－行政管理 Ⅳ.①F272.9

中国版本图书馆CIP数据核字（2020）第091467号

书　　名	行政管理必备制度与表格典范
作　　者	杨宗岳
责任编辑	张　羿
书　　号	ISBN 978-7-5164-2145-1
出版发行	企业管理出版社
地　　址	北京市海淀区紫竹院南路17号　　邮编：100048
网　　址	http：//www.emph.cn
电　　话	发行部（010）68701816　　编辑部（010）68701891
电子信箱	80147@sina.com
印　　刷	水印书香（唐山）印刷有限公司
经　　销	新华书店
规　　格	170毫米×240毫米　16开本　15.5印张　320千字
版　　次	2020年7月第1版　2020年7月第1次印刷
定　　价	68.00元

版权所有　翻印必究·印装错误　负责调换

PREFACE 前　言

　　成功的企业，其生存和发展能力都非常强，有的甚至维持上百年长盛不衰。企业之所以成功，原因之一是这些企业通常都聚集了一群优秀的管理者，而这些优秀的管理者又是靠什么来实现管理的呢？很简单，他们靠的是灵活运用管理方法、管理技能、管理体系、管理文书、管理流程等管理工具，进行科学的、规范的管理。

　　企业管理制度是企业员工在企业生产经营活动中须共同遵守的规定和准则的总称。企业管理制度的表现形式或组成包括企业组织机构设计、职能部门划分及职能分工、工作岗位说明、专业管理制度、工作方法或流程、管理表单等管理制度类文件。纵观成功的企业，自身无不拥有完善的管理制度、流程、表格体系，在制度化、流程化、表格化管理方面堪当表率。

　　任何企业的管理都是一个系统工程，要使这个系统正常运转，实现高效、优质、高产、低耗，就必须运用科学的方法、手段和原理，按照一定的运营框架，对企业的各项管理要素进行规范化、程序化、标准化设计，形成有效的管理运营机制，即实现企业的规范化管理。

　　企业管理制度主要由编制企业管理制度的目的、编制依据、适用范围、管理制度的实施程序、管理制度的编制形成过程、管理制度与其他制度之间的关系等因素组成，其中属于规范性的因素有管理制度的编制目的、编制依据、适用范围及其构成等；属于规则性的因素有构成管理制度实施过程的环节、具体程序，控制管理制度实现或达成期望目标的方法及程序，形成管理制度的过程，完善或修订管理制度的过程，管理制度生效的时间，与其他管理制度之间的关系。

　　企业管理制度是企业管理制度的规范性实施与创新活动的产物，通俗地讲，企业管理制度 = 规范 + 规则 + 创新。一方面，企业管理制度的编制须按照一定的规范来进行，企业管理制度的编制在一定意义上讲也是企业管理制度的创新，企业管理制度的创新过程就是企业管理制度文件的设计和编制，这种设计或创新是有其相应的规则或规范的。另一方面，企业管理制度的编制或创新是具有规则的，起码的规则就是结合企业实际，按照事物的演变过程，依循事物发展过程中内在的本质规律，依据企业管理的基本原理，实施创新的方法或原则，进行编制或创新，形成规范。

为了帮助企业完善制度体系，我们组织相关专家、学者编写了"成功企业管理制度与表格典范丛书"，本套丛书包括8个管理模块，每个模块独立成书。具体为：《行政管理必备制度与表格典范》《客户管理必备制度与表格典范》《企业内控管理必备制度与表格典范》《人力资源管理必备制度与表格典范》《营销管理必备制度与表格典范》《安全管理必备制度与表格典范》《财务管理必备制度与表格典范》和《供应链管理必备制度与表格典范》。

本套丛书最大的特点是具有极强的实操性和可借鉴性，它提供了大量的制度、表格范本，所有的范本都是对成功企业制度的解读，可供读者参考。

本套丛书可以作为企业管理人员、工作人员、培训人员在制定本企业管理制度时的参照范本和工具书，也可供企业咨询师、高校教师和专家学者做实务类参考指南。

由于编者水平有限，加之时间仓促、参考资料有限，书中难免出现疏漏与缺憾，敬请读者批评指正。

CONTENTS 目　录

第一章　值班工作管理 1

第一节　值班管理要领 2
一、值班的基本要求 2
二、值班的具体内容 3

第二节　值班管理制度 5
一、值班管理规定 5
二、节假日值班管理办法 7
三、部门主管夜间轮流值班制度 8
四、夜间值班管理制度 9
五、值班与加班费发放管理制度 11

第三节　值班管理表格 12
一、一周值班安排表 12
二、____月份值班表 13
三、值班日志表——来宾登记 13
四、值班日志表——员工外出登记 13
五、值班日志表——进厂货品登记 14
六、来宾出入登记表 14
七、值班接待记录表 14
八、值班电话记录表 15
九、值班餐费申请单 15
十、加班、值班补贴发放表 15

第二章 行政接待管理 17

第一节 接待管理要求 18
一、接待工作的基本原则 18
二、接待工作的运作程序 19

第二节 接待管理制度 21
一、商务接待管理办法 21
二、来访接待流程及标准 26

第三节 接待管理表格 30
一、商务接待申请表 30
二、接待行程安排表 31
三、接待用餐申请表 32
四、接待费用报销单 32
五、商务招待费用超额审批表 33
六、来访接待总结报告 34

第三章 印信管理 35

第一节 印信管理要领 36
一、印章的管理内容 36
二、介绍信的管理内容 38

第二节 印信管理制度 39
一、印章管理办法 39
二、印章、证照、介绍信、法人授权委托书管理规定 42

第三节 印信管理表格 44
一、关于公司启用有关 ____ 专用章的通知 44
二、关于公司停用有关 ____ 专用章的通知 45
三、印章留样备案表 45
四、印章交接单 46
五、印章专管人离职交接单 46
六、印章外出使用审批单 47

七、用印审批记录单 ... 48

八、合同专用章用印审批单 ... 48

九、印章使用登记簿 ... 49

十、外借印章申请表 ... 49

十一、印信使用、刻制、法人代表签名申请表 ... 50

十二、印章管理台账（发票专用章） ... 50

十三、印章管理台账（法人私章） ... 51

十四、印章留样汇总记录表 ... 51

十五、用印申请单 ... 51

十六、印章保管人责任状 ... 52

十七、公章保管委托书 ... 52

十八、合同专用章保管委托书 ... 53

十九、印章借用／托管登记表 ... 53

二十、公章使用登记审批表 ... 54

二十一、公司证照、印章使用登记表 ... 54

二十二、证照办理（变更）申请表 ... 54

二十三、证照使用申请表 ... 55

二十四、证照使用归档登记单 ... 55

二十五、证照借用申请表 ... 56

二十六、证照借用登记表 ... 56

二十七、介绍信使用审批单 ... 56

第四章　保密工作管理 ... 57

第一节　保密工作管理要领 ... 58

一、保密工作的基本内容 ... 58

二、保密常用措施 ... 59

第二节　保密管理制度 ... 60

一、商业保密制度 ... 60

二、员工保密承诺书签订规定 ... 65

三、文件、资料保密制度 ... 68

四、计算机信息安全管理规定 ... 72

第三节　保密管理表格 74
　　一、员工保密承诺书 74
　　二、保密协议（适用于外协单位）.. 75
　　三、保密承诺书（适用于外协单位个人）.................................. 76
　　四、员工离职保密承诺书 76
　　五、保密承诺书签订情况汇总表 77
　　六、机要文档外送申请表 77

第五章　会务管理 79

第一节　会务管理要领 80
　　一、会前准备管理 80
　　二、会中会后管理 81

第二节　会务管理制度 82
　　一、公司会议管理制度 82
　　二、公司会议费用管理办法 89
　　三、中小型企业会议管理规定 91
　　四、会议室管理制度 93

第三节　会务管理表格 94
　　一、外部场所召开会议计划表 94
　　二、外部场所召开会议申请表 95
　　三、承办会议审批表 95
　　四、会议（活动）安排申请表 96
　　五、公司本部会议室使用申请单 96
　　六、会议室使用申请表 97
　　七、会议通知 97
　　八、会议议程表 98
　　九、会议签到表 98
　　十、会议记录 98
　　十一、会议登记簿 99
　　十二、会议决定事项实施管理表 99
　　十三、会议纪要模板 100

十四、会议经费预算报告审批表..100

十五、会议经费开支明细单..101

第六章 文书档案管理..103

第一节 文档管理概要..104

一、文书收发的管理要点..104

二、档案管理的实施要点..104

第二节 文档管理制度..105

一、公司公文管理制度..105

二、公司档案管理制度..116

第三节 文档管理表格..121

一、发文审批表..121

二、发文登记簿..122

三、文件发送登记簿..122

四、收文登记簿..123

五、文件阅办卡..123

六、文件签报单..124

七、档案卷内目录表..124

八、档案封面..124

九、卷内备考表..125

十、档案调阅单..125

十一、档案调阅登记表..125

第七章 办公设备用品管理..127

第一节 办公设备用品管理要点..128

一、办公用品的分类..128

二、办公用品的保管管理..128

三、办公用品的发放管理..129

四、办公用品的使用管理..129

第二节　办公设备用品管理制度 130
　　一、办公设备管理规定 130
　　二、办公设备、耗材管理办法 135
　　三、办公用品采购、领用制度 138

第三节　办公设备用品管理表格 140
　　一、办公设备添置申请表 140
　　二、办公设备购买申请表 141
　　三、办公耗材购买申请表 141
　　四、办公设备报修申请单 142
　　五、办公设备报修记录表 142
　　六、办公设备报废申请单 142
　　七、设备借用登记表 143
　　八、办公设备管理卡 143
　　九、办公用品季度需求计划表 144
　　十、办公用品请购表 144
　　十一、办公用品盘存报表 145
　　十二、办公用品领用表 145
　　十三、办公用品耗用统计表 145
　　十四、办公用品发放统计表 146

第八章　环境卫生管理 147

第一节　环境卫生管理要领 148
　　一、办公区的环境卫生管理 148
　　二、生活区的环境卫生管理 149

第二节　环境卫生管理制度 149
　　一、公司办公室 5S 管理办法 149
　　二、办公室卫生管理制度 156
　　三、厂区环境卫生管理制度 158

第三节　环境卫生管理表格 160
　　一、办公室卫生值日表 160
　　二、公共区域卫生情况检查表 160

三、行政部卫生状况检查表 161
　　四、办公环境状况检查表 161
　　五、清洁卫生评分表 161
　　六、卫生区域计划表 162
　　七、行政部办公环境卫生检查表 162
　　八、宿舍环境卫生检查表 163
　　九、办公环境卫生检查汇总表 163
　　十、宿舍环境卫生检查汇总表 163
　　十一、5S办公室规范检查评比表 164

第九章　车辆管理 165

第一节　车辆管理概要 166
　　一、车辆管理的对象 166
　　二、车辆管理的内容 166

第二节　车辆管理制度 167
　　一、车辆管理办法 167
　　二、私车公用管理办法 170
　　三、中高层管理人员车辆补贴实施办法 173

第三节　车辆管理表格 175
　　一、车辆（交通设备）管理簿 175
　　二、公务车辆使用申请表 176
　　三、车辆调派单 176
　　四、车辆出车安排表 177
　　五、车辆出车登记表 177
　　六、车辆行驶记录表 177
　　七、车辆行驶登记表 178
　　八、车辆加油记录表 178
　　九、车辆加油统计表 178
　　十、备用卡加油统计表 179
　　十一、车辆维修保养申请表 180
　　十二、购车补贴申请表 180

十三、车辆补贴协议书 181
十四、补贴车辆里程登记表 182
十五、私车公出核准申请书 182
十六、车辆使用同意书 182

第十章　食宿管理 183

第一节　食宿管理要领 184
一、食堂管理的基本内容 184
二、宿舍管理的基本内容 184

第二节　食宿管理制度 185
一、员工宿舍管理制度 185
二、租房补贴管理办法 189
三、食堂管理制度 190
四、餐费补贴管理办法 193
五、职工食堂招待用餐管理办法 194
六、外包食堂考核管理办法 196

第三节　食宿管理表格 199
一、员工宿舍申请表 199
二、员工宿舍入住单 199
三、员工宿舍调房（床）申请单 200
四、宿舍员工入住情况登记表 200
五、宿舍员工退房登记表 201
六、员工宿舍退房申请表 201
七、员工宿舍物品放行条 202
八、宿舍日检异常记录表 202
九、员工亲属住宿申请单 202
十、员工宿舍来访登记表 203
十一、员工宿舍卫生公约与值日表 203
十二、员工宿舍卫生评比表 203
十三、员工宿舍内务、卫生、安全检查表 204
十四、取消员工住宿资格通知单 205

十五、在职员工退房单 206

　　十六、离职员工退房单 206

　　十七、住房补贴申请表 207

　　十八、员工意见表（食堂）..207

　　十九、员工食堂意见汇总表 207

　　二十、食堂伙食周报表 208

　　二十一、员工伙食补贴发放登记 209

　　二十二、伙食补贴申请表 209

　　二十三、离职员工餐费扣除表 209

　　二十四、新入职员工餐费补发表 210

　　二十五、夜宵申请单 210

　　二十六、食堂内部客饭招待申请表 210

　　二十七、食堂对外用餐申请表 211

　　二十八、食堂日常工作检查表 211

　　二十九、饭菜满意度抽样调查表 211

　　三十、开放日活动检查考核表 212

　　三十一、食堂满意度调查表 213

第十一章　安保工作管理 215

第一节　安保工作管理要领 216

　　一、安全工作的管理内容 216

　　二、保安工作的管理内容 216

第二节　安保工作管理制度 217

　　一、安全保卫工作管理规定 217

　　二、出入管理规定 218

　　三、保安管理制度 220

　　四、门卫管理制度 228

第三节　安保工作管理表格 230

　　一、安全检查表 230

　　二、车辆/人员出入门证 231

　　三、车辆出入登记表 231

四、来访人员进出登记表（门卫）..231
五、员工出入登记表..232
六、人员放行条..232
七、物品放行条..232
八、消防设备巡查表..233
九、防火安全检查表..233
十、防火安全及安全生产检查表..234

第一章

值班工作管理

第一节　值班管理要领

一、值班的基本要求

值班是一项非常繁重的工作，涉及内容比较广，对值班人员的素质要求很高。值班人员必须做到以下几点：

1. 坚持原则

值班日常担负的大多是跟公司领导相关的工作，在处理过程中，必须严格遵循各项制度、规章和程序。如处理突发性事件，既要及时地请示、报告，又要当机立断，不贻误时机；接待访客，既要热情、诚恳，又要区别情况，不能随意安排外人与公司领导会见。

2. 及时处理

值班承办的工作，一般时间性都很强，应随交随办，不能拖拉和延误。如处理突发性事件，必须迅速、及时地向上级报告，刻不容缓。

3. 严守工作岗位

值班人员应忠于职守，工作时间要坚守岗位，不能擅离职守、私自外出，不能邀请外人进入值班室闲坐、闲聊和嬉闹。值班人员因事必须外出时，应经行政办公室主管同意并指派人员代替值班。

4. 工作认真负责

值班人员应有强烈的工作责任心，对承办的各项工作，要认真负责、一丝不苟地加以处理。无论是来访、来电，还是上级主管部门交办的事项，都要把一切内容搞清楚，办理时做到及时、准确，事事都有结果。接待来访人员既要坚持原则，严格按公司规章制度和领导的指示处理，又要态度热情、诚恳，平等待人。

5. 加强请示

值班工作的联系广泛，许多问题事关大局，不能盲目、随意，值班人员应加强请示，严格遵循工作程序。行政办公室主管负责对值班工作的检查、监督，以免造成疏漏或失误。

6. 保守公司秘密

值班人员在传达公司领导的批示、指示、决定、通知，接待来访人员，处理突发性事件等紧急事项以及与人闲谈中，要严守公司机密。处理有秘密内容的事项时，值班人员要严格按规定办理。有秘密内容的文件、指示、值班记录等，不能随处乱放，严防失密、泄密的现象发生。

7. 提高业务工作水平

值班人员的工作内容和工作时间具有特殊性。因此，值班人员平时应自觉学习办文、办事的工作制度、程序和办法，不断提高自身的工作水平和实际办事能力。

8. 做好值班记录

值班人员办理的一切事项，都要将始末详细地记录在专用的值班记录本上，内容要规范化。本班内没办完的，除在记录中写清楚外，还要向下一班值班人员作出明确的交代。

二、值班的具体内容

1. 接转电话

即处理有关部门或人员通过电话报告、请求、通知、联系的事项。值班室接到电话后，应首先问清对方的部门、通话人姓名、职务以及具体事由并做好记录。

（1）如是一般事项，则根据有关规定，能口头答复和处理的，即给予答复和处理，处理后将情况向行政办公室主管报告。

（2）如是重大情况或事项，则应详细填入"值班室电话记录报告"中，送行政办公室主管阅示后，报有关上级主管部门批示，然后按上级主管部门的批示认真加以处理。

（3）如上级主管部门批示交有关部门处理的，值班室要加强督促催办；上级主管部门批示或对方要求告知结果的，则应及时将办理结果告知来电部门。

2. 处理邮件

公司值班室要将邮件内容及时地进行登记。

（1）凡涉及公司日常业务的邮件，均应提出处理意见，转行政办公室主管审核后，报请有关主管部门阅示，然后再按主管部门的批示认真落实、处理。

（2）凡经值班室处理的邮件，都要将处理结果做好记录。

3. 接转信函和请示、报告

值班人员接到各种信函和请示、报告时，应作如下处理。

（1）如在上班时间并且公司设有专门机构负责受理的情况下，应让送件人直送指定机构。

（2）在下班时间送达的，则要了解清楚送件部门、送件人姓名、职务以及所送信函和请示、报告的内容，审查其是否符合请示、报告的有关程序。如符合规定程序，则做好登记，分送有关部门处理；如不符合规定程序，应向送件人讲明情况，让其按程序重新审批。

4. 处理突发性事件

突发性事件包括汛情、疫情、震情、重大交通事故及生产事故。

（1）如对方是用电话报告，值班室应问清楚报告人所在部门、姓名、职务，发生突发性事件的时间、地点、经过、发展趋向和后果，做好电话记录并迅速送行政办公室主管阅示后，报请有关领导批示，然后按领导批示，迅速通知有关部门或负责人去事件现场进行调查、处理。

（2）如接到报告是在下班时间，则应将情况立即口头或电话报告给有关领导，再按领导的指示认真处理、落实。

5. 接待来访人员

企业每天都有相当数量的前来联系工作或直接找有关领导的来访人员，接待这些人员是值班室的日常工作任务之一。

值班人员首先要了解清楚来访者的姓名、电话以及所办事宜。一般来说，有以下几种处理方法：

（1）如来访者要找公司领导请示汇报工作，应先用电话跟领导秘书（或本人）联系。

（2）如找其他工作人员，则告知房间号码。

（3）如所找人员正在参加重要会议或重要活动，应向来访者讲清情况，让其改期再来。

（4）如来访者是为了解、询问业务，要视情况予以答复，或介绍其与有关部门进行具体联系。

（5）如来访者要找领导解决问题，则根据问题性质妥善处理，或请有关部门人员前来接待处理。

（6）值班人员在接待来访者时，碰到的问题如能自行处理，应认真地给予解决；不能自行处理的，应请示行政办公室主管；重要的紧急事项，还应请示有关主管部门。

第一章 | 值班工作管理

第二节　值班管理制度

一、值班管理规定

标准文件		值班管理规定	文件编号	
版次	A/0		页次	

1. 目的

为了处理公司在节假日及工作时间外的一些事务，除主管人员坚守岗位外，公司需另外安排员工值班。为了规范与加强对公司值班工作和值班人员的管理，特制定本规定。

2. 适用范围

适用于公司节假日及工作时间外的值班工作安排与管理。

3. 管理规定

3.1 值班处理事项

3.1.1 突发事件。

3.1.2 管理、监督保安人员及值勤员工。

3.1.3 预防突发事件、火灾、盗窃及其他突发事项。

3.1.4 治安管理。

3.1.5 公司临时交办的其他事宜。

3.2 值班时间

3.2.1 工作日值班。

周一至周五每日下班时到次日上午上班时。

3.2.2 休息休假日值班。

实行轮班制，日班上午 8:00～17:00，夜班下午 17:00 至次日上午 8:00（可根据公司办公时间的调整而变更）。

3.2.3 部门根据业务情况自行安排本部门员工值班，并于月底公布次月值班表。

3.3 值班纪律管理

3.3.1 值班室是公司的重要岗位部门，值班人员的工作状态直接影响到公司的安全和工作秩序。

3.3.2 值班人员应坚守工作岗位，不得擅离职守，不做与工作无关的事情。

3.3.3 值班人员应自觉保持值班室的环境卫生。

3.3.4 值班人员应严格遵守公司规定，禁止无关人员进入值班室。

3.3.5 值班人员应坚守岗位，在电话铃响三声之内接听电话。

3.3.6 任何值班人员不得使用值班室电话拨打或接听私人电话。

3.3.7 值班人员遇有特殊情况需换班或代班者，必须经值班主管同意，否则责任自负。

3.3.8 值班人员应按规定时间交接班，不得迟到、早退，并在交班前做好值班记录，以便分清责任。

3.4 值班事项处理

3.4.1 值班人员遇事可先行处理，事后再报告。如遇其职权范围以外的事情，应立即通报并请示主管。

3.4.2 遇到重大、紧急事情时，值班人员应及时地向上级业务指挥部门和公司领导汇报与请示，以便其及时地处理并在第一时间通知相关负责人。

3.4.3 值班人员应将值班时所处理的事项做好记录，并于交班后送主管领导检查。

3.4.4 值班人员收到信件时应分别按下列方式处理：

（1）属于职权范围内的，可即时处理。

（2）非职权所及的，视其性质立即联系有关部门负责人处理。

（4）对于密件或限时信件，应立即原封保管，于上班时呈送有关领导。

3.5 值班津贴与奖惩

3.5.1 值班人员可领取值班津贴。

3.5.2 如果值班人员在遇到紧急事件时处理得当，公司可视其情节给予嘉奖。嘉奖分为书面表扬和物质奖励两个等级。

3.5.3 值班人员在值班时间内如擅离职守，公司应给予处分，造成重大损失者，应从重论处。

3.5.4 因病或其他原因不能值班的，值班人员应先请假或请其他员工代理并呈交领导批准，出差时亦同。代理值班人员应负一切责任。

| 拟定 | | 审核 | | 审批 | |

二、节假日值班管理办法

标准文件		节假日值班管理办法	文件编号	
版次	A/0		页次	

1. 目的
为规范节假日期间的值班管理，确保公司生产经营有序运行，特制定本办法。

2. 适用范围
适用于国家法定的公休假日、公司规定的周末休息日以及停车、停产以及不可抗力因素等其他原因造成的停工放假。

3. 权责
3.1 行政部是节假日值班的监督管理部门。

3.2 值班经理对节假日期间生产经营的安全稳定负有领导责任。

3.3 各部门值班人员对节假日期间分管工作负有管理责任。

3.4 各岗位人员对节假日期间本职工作负有直接责任。

4. 管理规定
4.1 管理程序

4.1.1 节假日期间实行值班、交班制度，并将情况如实记录。

4.1.2 国家法定假日、停工放假的，节前5日内由行政部拟发放假通知（附值班人员名单），同时报总经办一份备查。

4.1.3 放假前由行政部牵头组织一次联合检查并通报，所查隐患节前必须整改结束，经联合检查组确认后方可放假。

4.1.4 周末休息日值班由各部门根据实际情况自行安排。分公司生产部节假日必须安排人员值班。

4.1.5 节假日期间值班人员考勤由当日值班干部负责统计。白班一日四次考勤（上下班各两次），生产部值班人员两次考勤（上下班各一次），岗位人员考勤由生产调度负责。

4.1.6 节假日期间需要办理物资出门证的，由本部门出具证明，经值班经理批准后，当日值班管理人员办理手续。非特殊情况，原则上节假日期间不办理物资出门证。

4.1.7 值班人员因特殊情况需换班的，节前调整的报行政部批准，放假期间调整的报值班经理批准。

4.1.8 值班期间任何人不准喝酒，必须时刻保持通信畅通。

4.1.9 值班司机按值班经理指令出车。无出车任务时在行政部待命，时刻保持通信畅通，保证随叫随到。

4.1.10 节假日期间值班人员必须强化责任意识，坚守岗位、履职尽责。生产、管理值班人员按巡检时间对主要场所加大巡查力度并记录（昼夜至少各两次），遇特殊情况应迅速果断地处理、上报。

4.2 处罚

4.2.1 节假日违纪按双倍处罚。

4.2.2 行政部未按时拟发放假通知和组织联合检查的，处罚部门××元。

4.2.3 各部门未及时地上报值班人员名单的，处罚部门××元。

4.2.4 隐患部位节前未整改结束的，处罚责任部门××元。由此引发事故的，视情节给予责任人试岗、解除劳动合同直至追究法律责任的处分。

4.2.5 生产部门节假日未安排人员值班的，处罚部门××元。

4.2.6 未按程序办理物资出门证的，处罚责任人××元/次。

4.2.7 未按规定程序办理换班手续的，处罚责任人××元/次。影响正常值班的，对引发问题负完全责任。

4.2.8 值班期间喝酒的，处罚责任人××元/次。影响正常值班的，对引发问题负完全责任。

4.2.9 节假日期间考勤弄虚作假的，按当日工资10倍处罚。

4.2.10 值班司机接出车指令后10分钟未到的，处罚××元/次，通信联系不上的，处罚××元/次。

4.2.11 值班人员未按规定时间巡检的，每次处罚责任人××元。

4.2.12 节假日期间，交班人员未到，值班人员不准离岗，私自离岗按脱岗处理。

4.2.13 值班、巡检、交班情况未记录或记录模糊的，处罚责任人××元。

4.2.14 节假日期间，特殊情况处理、上报不及时的，视情节给予责任人试岗、解除劳动合同的处分。

拟定		审核		审批	

三、部门主管夜间轮流值班制度

标准文件		部门主管夜间轮流值班制度	文件编号	
版次	A/0	^	页次	

1. 目的
为加强公司的夜间管理，经公司研究决定，实行部门主管夜间轮流值班制度。

2. 使用范围
适用于公司的夜间值班管理。

3. 管理规定

3.1 值班时间

每周白班下班至第二天的白班上班。

3.2 值班人员安排

组次	星期一	星期二	星期三	星期四	星期五	星期六	星期日
第一组							
第二组							

3.3 具体要求

3.3.1 每组值班人员按顺序每隔一周值班一次。若遇请假或出差，本人须提前4小时请示常务副总经理，由其安排人员替班，其本人回来后补值。

3.3.2 设立独立的值班室，配备好电视机、手电筒、电话、桌椅、热水瓶等必备品。

3.3.3 制定值班日志及加班人员时间记录表，把每次巡查情况记录清楚。

3.3.4 对加班及中班人员的数量及下班时间监督并记录。

3.3.5 负责监督夜班保卫人员的巡夜情况，对所有加班人员及发货车辆离场进行监督、检查与记录。

3.3.6 值班人员于17:00～19:00查看加班人员、中班人员情况（夏季17:30）；21:00～22:00查看发货、保卫情况，巡查门窗及水电；凌晨1:00～2:00检查一次中班、保卫及厂区情况。

3.3.7 值班人员须24小时开机，随时保持通信畅通，及时地协调处理突发事件。

3.3.8 值班人员若有事需找其他人员替班，须公司领导批准。

3.3.9 值班人员第二天午休推迟1小时上班。

3.3.10 以上规定若有违反，对责任人处以××元罚款。

拟定		审核		审批	

四、夜间值班管理制度

标准文件		夜间值班管理制度	文件编号	
版次	A/0		页次	

1. 目的

为规范公司的安全管理，完善公司的安保系统，保证公司零重大事故，健全公司的夜间值班巡查制度，特制定本制度。

2. 适用范围

使用于公司的夜间值班管理。

3. 职责

3.1 行政部负责本制度的拟定、发布与归档管理，并落实具体工作。

3.2 各部门负责学习制度精神，并严格按照指示执行。

4. 作业内容

4.1 值班时间

每天 17：00～20：00，原则上为周一至周六，周日有加班情况时另作安排。

4.2 值班要求

4.2.1 对各部门具体检查要求如下：

（1）门窗是否关闭。

（2）电脑电源是否关闭。

（3）饮水机电源是否关闭。

（4）空调电源是否关闭。

（5）照明灯是否关闭。

（6）水龙头是否关闭。

（7）人员是否在岗。

（8）闲置设备电源是否关闭。

（9）需工作设备是否不起火、无异味、供电正常。

（10）点检相关部门自检表是否填写。

（11）是否存在其他安全隐患。

4.2.2 值班人员需在每天 16：30 前至行政部取值班记录本，并在第二天 8：00 前将值班记录本交由行政部审查保管。

4.2.3 值班人员由 1 名公司员工与公司安保人员组成，要求认真做好详细记录。

4.2.4 巡视工作必须严格按照规定的路线执行。

4.2.5 因部门工作的特殊性，有关部门需每天填写自检表并张贴于规定位置以供值班人员检查。

4.2.6 发现设备异常时必须及时地向相关部门负责人汇报。

4.2.7 发现人为性错误时需及时纠正其错误，后果严重者，需及时地上报其主管并做好记录。

4.2.8 发现重大异常情况时需及时地采取补救措施，做好报警处理，并与公司领导取得联系。

第一章 | 值班工作管理

4.3 值班人员的安排

4.3.1 值班人员由公司行政部统一安排，如需临时调班的必须提前一天告知行政部。

4.3.2 夜班保安人员负责每日 20：00～次日 6：00 对质控中心的设备每两小时巡查一次，并详细填写点检表，每周一 8：00 以前将上周点检表交至行政部存档。

| 拟定 | | 审核 | | 审批 | |

五、值班与加班费发放管理制度

标准文件		值班与加班费发放管理制度	文件编号	
版次	A/0		页次	

1. 目的

为严格规范值班费与加班费的发放标准，保证公司日常生产和节假日的有序安排，特制定本管理制度。

2. 适用范围

适用于本公司的值班与加班费发放管理。

3. 管理规定

3.1 值班与加班说明。

3.1.1 值班：是指员工根据公司要求，在正常工作时间之外负担一定的非生产性、非本职工作的责任。一般而言，值班是公司因安全、消防、假日防火、防盗或为处理突发事件、紧急公务处理等原因，临时安排或根据制度在夜间、公休日、法定假日等非工作时间安排与劳动者本职无关联的工作，或虽与劳动者本职工作有关联，但为非生产性的责任且值班期间可以休息的工作。

3.1.2 加班：是指公司由于生产经营需要，经相关程序获得批准后，安排员工在法定工作时间以外继续从事本职工作。

3.1.3 所有值班和加班原则上都可先用调休或补休予以冲抵，在不能保证调休或补休的情况下可予以发放费用。

3.2 费用发放标准。

3.2.1 值班费用发放标准。

（1）非法定假日值班：按××元/小时标准发放。

（2）法定假日值班：由于法定假日是带薪休息，因此按××元/小时标准发放。

3.2.2 加班费用发放标准：员工在非法定假日加班的，一律按员工本人日工资的 1.5 倍计发加班工资；周末加班的按 2 倍计发；法定假日加班的将按本人日工资的 3 倍计发加班工资。

3.3 当月加班和值班费用在次月工资中发放，个税按相关政策予以扣除。

3.4 门卫、餐厅工作人员全年发放 11 天法定假日加班工资，在本年度底一次性发放。

3.5 班组长以上中层干部采取固定工资方案，月工资中已包括因倒班而超劳工作的报酬，除法定假日外不再计发加班工资。

4. 附则

4.1 本制度由公司行政部制定并负责解释，经总经理批准后执行，修改时亦同。

4.2 本制度自 20×× 年 ×× 月 ×× 日起执行。

拟定		审核		审批	

第三节 值班管理表格

一、一周值班安排表

一周值班安排表

日期 姓名 部门	星期日 月 日	星期一 月 日	星期二 月 日	星期三 月 日	星期四 月 日	星期五 月 日	星期六 月 日

拟订： 审核：

二、____月份值班表

____月份值班表

周次	日期	值班人员		值班电话
		带班领导	值班人	

注：白班时间为 9：30～20：00，晚班时间为 20：00～次日 9：00。以上值班人员必须认真负责，做好公司的安全保卫工作，接听重要电话后必须进行登记并及时报告相关领导。

三、值班日志表——来宾登记

值班日志表——来宾登记

____年___月___日（天气：　　　　　）

姓名	证件号码	所属部门	车牌号	接洽人员/部门	事由	到来时间	离开时间	备注

四、值班日志表——员工外出登记

值班日志表——员工外出登记

姓名	职位或部门	工作证号	欲往何处	事由	携出物品	离开时间	返回时间	备注

五、值班日志表——进厂货品登记

值班日志表——进厂货品登记

送货单位	姓名	运货车辆		货品名称	单位	数量	收货部门	收货（验货人）	进入时间	离开时间	核对	备注
		车种	车号									

六、来宾出入登记表

来宾出入登记表

来宾姓名		同行人数		来宾单位	
联系电话		车别	□轿车　□货车　□客车		
进入时车辆	□载本公司货品　□载其他公司货品　□空车				
进出事由	□交货　□提货　□参观　□私事拜访　□其他				
来宾自备工具、物品	□没有　□有（请另填来宾自备工具、物品清单）				
接洽人姓名： 部门： 签章：	进入时间：___时___分 离开时间：___时___分		值班人签章		

七、值班接待记录表

值班接待记录表

来访人姓名		来访人单位	
接待时间	____年___月___日___时___分至____年___月___日___时____分		
内容摘要：			
拟办意见：			
主管意见：			
处理结果：			
值班人签字：			

八、值班电话记录表

值班电话记录表

来电单位		发话人姓名	
来电单位电话号码		值班接话人姓名	
通话内容摘要：			
主管意见：			
处理结果：			
值班人签字：			

九、值班餐费申请单

值班餐费申请单

月份：　　　　　　　　　　　　　　　　　　　　　　　　　日期：

部门：　　　　　　姓名：　　　　　　申请日期：____年___月___日

值日及值夜费	餐费	报销科目
1. 上班日值夜共____夜 2. 休假日值日值夜共____日 3. 值日值夜费金额 （1）值夜费：　　（2）值日值夜费： （3）合计：	1. 早餐共____餐 2. 午餐共____餐 3. 晚餐共____餐 餐费合计：	
部门主管签字：　　　直属主管签字：　　　证明人签字：		

备注：（1）本申请单一式二份，于每个月5日前填妥，送交行政部（第二份）。
　　　（2）行政部核对后，将第二份送交财务部支付餐费。

十、加班、值班补贴发放表

加班、值班补贴发放表

填报单位（公章）：　　　　　　　　　　　　　　　　　　　　　　　单位：元

序号	姓名	财务编码	班次	标准	应发金额	代扣税金	实发金额	加（值）班事项及时间	签字	备注

审批：　　　　　　　审核：　　　　　　　经办：　　　　　　　日期：

第二章

行政接待管理

第一节　接待管理要求

一、接待工作的基本原则

在接待工作中，公司行政人员必须坚持以下基本原则：

1. 诚恳热情

诚恳热情的态度是人际交往成功的起点，也是待客之道的首要点。热情、友好的言谈举止，会使来访者产生一种温暖、愉快的感觉。因此，对来访者，不管其身份、职位、资历、国籍如何，都应平等相待，诚恳热情。

2. 讲究礼仪

企业在经营中不可避免地会接触到各种不同文化背景的人。企业应把接待活动作为一项重要的社会交际活动，以礼待人，尊重各国文化，从而体现企业员工较高的礼仪素养。为此，行政人员应做好以下几方面的工作：

（1）在仪表方面，要面容清洁、衣着得体、和蔼可亲。
（2）在举止方面，要稳重端庄、风度自然、从容大方。
（3）在言语方面，要声音适度、语气温和、礼貌文雅。

3. 细致周到

接待工作的内容往往具体而琐碎，涉及许多部门和人员，这就要求行政人员在接待工作中要综合考虑，把工作做得面面俱到、细致入微、有条不紊、善始善终。

4. 按章办事

企业制定的有关接待方面的规章制度，行政人员应严格遵守执行。其要求如下：
（1）不得擅自提高接待标准。
（2）不准向客人索要礼品，重要问题随时请示、汇报。
（3）对职责范围以外的事项不可随意表态。
（4）根据不同国家、地区、民族的风俗习惯来区别接待来访者。

5. 保守秘密

企业行政人员在重要的接待工作中，往往会参与和接触到一些机要事务、重要会议、秘密文件资料等。因此，接待人员在迎来送往的过程中，尤其要注意言谈举止的分寸，注意内外有别，严守公司秘密，做好保密工作。

二、接待工作的运作程序

企业对接待工作应有一套严格的程序，并要求接待人员按程序办事，以确保接待工作的顺利进行。

1. 接待工作的准备

接待工作的准备很重要，它是整个接待工作中的重要环节。接待人员应注意以下事项：

（1）了解来客信息。

一般情况下，客人在到达前会事先通知企业。行政人员在接到通知后，应想方设法弄清客人的基本情况，包括客人所在的企业、人数、性别、身份、民族，以及客人的年龄和健康状况，客人来访的目的和要求，抵离时间、乘坐的交通工具和车次航班等。然后，将上述情况及时地向有关主管部门报告，同时通知有关部门和人员，认真做好接待的准备工作。

（2）拟订接待方案。

接待重要客人或高规格的团组，要根据客人的意图和要求以及公司有关主管部门的意见，拟订接待方案。方案包括客人的基本情况、接待工作的组织分工、陪同人员、食宿地点及房间安排、伙食标准及宴请意见、安全保卫、交通工具、费用支出、活动方式和日程安排、汇报内容的准备及参与人员等。接待方案须在报请公司有关主管部门批准后加以落实。

（3）落实接待方案。

按照拟订的接待方案，通知各有关方面做好准备工作。

① 落实食宿地点，通知宾馆安排好房间和用餐。

② 落实交通工具。

③ 通知有关部门准备汇报材料。

④ 通知卫生部门，落实医疗保健措施。

⑤ 通知接客人员，落实接车（机、船）办法。

⑥ 通知车站（机场、码头），做好必要的准备工作。

2. 正式接待工作

（1）迎接来宾。

根据来宾的不同身份做好迎接工作。如果是异地重要客人到达，公司高层管理人员应前往车站（机场、码头）迎接；如果是一般来宾到达，则由办公室主管前往迎接。迎接人员要在来宾所乘车（机、船）到达前到场等候，宾主见面，第一礼节就是握手，然后进行身份介绍。

（2）安排生活。

客人到宾馆后，接待人员要把客人引送到事先安排好的房间内。如果客人较多，房间一时难以落实时，则可先请客人到门厅休息，然后再联系房间。客人全部住下后，把就餐的时间、地点告诉他们。对重要客人，则安排专人送他们到餐厅就餐。

（3）商议日程。

在客人的食宿安排妥当后，要进一步了解其来访意图，以便商议活动日程。把活动的内容、日程、方式、要求等及时地通知有关方面，以便于接下来的工作。

（4）组织活动。

接待人员必须严格按照日程安排，精心组织好各种活动。客人如听取汇报或召开座谈会，要安排好会议室，通知参加人员准时到场并把与会者名单及汇报材料提供给客人。客人如要视察、参观、游览，应安排好交通工具和陪同人员，并把到达的准确时间通知所去的部门。

（5）安排看望和宴请。

安排好公司领导前往宾馆看望客人。如需要宴请客人，则按照有关规定，根据客人的情况，确定宴请的时间、地点、标准和陪同人员。一般情况下，只安排一次宴请。

（6）听取意见。

在客人的活动全部结束后，再安排一定的时间，请公司领导与客人会面，听取客人对公司工作的意见，交换看法。

（7）安排返程。

按照客人的要求，订购车（机、船）票，商议离开时间，协助客人结算各种费用。安排好送行车辆和送行人员，把客人送到车站（机场、码头），使客人满意而归。

3. 总结收尾工作

总结收尾的工作内容主要有以下几方面：

（1）电话通知客人所属企业，告知客人所乘车（机、船）的班次及时间，以便接站。

（2）与有关部门结算账目，及时地付款。

（3）把接待工作中形成的文件、材料收集齐全，以备查用。

（4）总结接待工作的经验教训。

（5）立卷归档。

第二节 接待管理制度

一、商务接待管理办法

标准文件		商务接待管理办法	文件编号	
版次	A/0		页次	

1. 目的

为规范公司商务接待活动,在保证商务接待效果的前提下,加强商务接待费用控制,特制定本办法。

商务接待工作是公司重要的对外窗口之一,参加接待的工作人员要遵守纪律,有礼有节、热情大方,树立公司的良好形象。

2. 适用范围

本办法规定了公司商务接待的管理职能、管理内容与要求、检查与考核,适用于公司所有商务接待活动的管理。

3. 管理职能

行政部是公司接待工作的管理部门,公司商务接待以及宴请用餐等均由行政部统一安排。

4. 管理规定

4.1 商务接待工作原则

4.1.1 对等接待、各负其责、相互配合的原则。商务接待工作涉及面广,必须坚持重点、兼顾一般,按照对等接待、各负其责、相互配合的原则,上下一致,齐心协力,共同做好接待工作。

4.1.2 规范高效、安全节俭、服务一流的原则。商务接待工作应规范服务,提高办事效率、热情周到,视客情适度接待,提倡节俭,反对浪费,注重思想情感交流,不推诿扯皮,不应付拖拉。

4.1.3 统一标准、预算管理、严格控制的原则。按照公司商务接待标准,对各项商务接待费用实行预算管理,由行政部负责人根据核定的预算严格控制使用,商务接待费用原则上不得超过限额,如需追加预算,须由管理中心另行审批。

4.2 接待职责分工

4.2.1 接待工作是公司窗口式工作,对于塑造企业良好形象、实现公司经营目标,具有十分重要的意义。各相关部门及人员必须高度重视且规范自己的行为。

4.2.2 接待内容包括迎客引入、询问让座、接待洽谈、参观介绍及招待服务等。分工如下：

（1）行政部负责提供一般接待良好环境的保障及备品准备，负责接待服务并陪同洽谈及参观介绍。

（2）前台秘书或总裁秘书负责来客引入及会议室的环境保持。

（3）商务接待秘书负责提供信息沟通保障及调度控制和来客记录，安排来宾行程、食宿等。

（4）商务接口部门负责接待洽谈并陪同始终。

4.2.3 行政部主任对接待工作负有全面责任。

4.3 商务接待标准

公司的商务接待，根据来访者的人员级别及访问目的不同，适用不同标准。主要划分为4个级别：普通接待、中级接待、高级接待、特殊接待。

4.3.1 普通接待。

项目名称	具体说明
适合人群	普通商务类考察人员、技术人员、设计师、供应商中层管理者以下人员等
交通标准	按对方人员要求协助订购，公司不负担费用
住宿标准	按对方人员要求，公司不负担住宿费用
餐饮标准	简餐消费控制在××元/人以下，宴请消费控制在××元/人以下
接待陪同人员	接口业务人员、部门主管
接待车辆	商务车或出租车
其他接待	1. 公司会议室布置投影机、白板、饮品（饮用水、茶、咖啡） 2. 必要时于来宾临行时赠送纪念品，消费控制在××元/人以下

4.3.2 中级接待。

项目名称	具体说明
适合人员	企业领导、地方有关部门人员等
交通标准	按对方人员要求协助订购，公司不负担费用
住宿标准	按对方人员要求，公司不负担费用
餐饮标准	简餐消费控制在××元/人以下，宴请消费控制在××元/人以下
接待陪同人员	接口业务人员、部门主管、主管副总
接待车辆	公司轿车、商务车或出租车
其他接待	1. 必要时制作来宾接待手册 2. 公司会议室布置公司介绍PPT、宣传资料、文件袋（信笺纸、笔）、饮品（饮用水、茶、咖啡） 3. 可安排来宾到本地主要景点游玩或娱乐 4. 必要时于来宾临行时赠送纪念品，消费控制在××元/人以下

4.3.3 高级接待。

项目名称	具体说明
适合人员	行业相关部门领导、公司特邀人员等
交通标准	按对方人员要求订购，公司不负担费用
住宿标准	三星级以上酒店，公司负担费用
餐饮标准	简餐消费控制在××元/人以下，宴请消费控制在××元/人以下
接待陪同人员	接口业务人员、部门主管、主管副总、总裁 必要时安排董事长、股东
接待车辆	公司轿车或租用专车
其他接待	1. 制作来宾接待手册，必要时安排酒店在房间内布置迎宾卡、鲜花、水果 2. 公司显著位置布置迎宾条幅等 3. 公司会议室布置公司介绍PPT、宣传资料、文件袋（笔记本、笔）、饮品（瓶装饮用水、茶、咖啡）、鲜花、水果等 4. 安排公司领导与来宾合影并制作相框，必要时安排会谈记录、录音、摄影、摄像 5. 安排来宾到本地主要景点游玩或娱乐 6. 必要时于来宾临行时赠送纪念品，消费控制在××元/人以下

4.3.4 特殊接待。

项目名称	具体说明
适合人员	主要行业主管领导、地方有关部门领导、公司特邀领导、其他特殊人员等
交通标准	按对方人员要求订购，公司可负担费用
住宿标准	四星级以上酒店，公司负担费用
餐饮标准	不设定具体标准
接待陪同人员	接口业务部门主管、公司副总、总裁、董事长 必要时安排董事长、股东
接待车辆	公司高级轿车或租用高级专车
其他接待	1. 制作来宾接待手册，酒店房间内布置迎宾卡、鲜花、水果 2. 公司显著位置布置迎宾条幅等 3. 公司会议室布置公司介绍PPT、宣传资料、文件袋（笔记本、笔）、饮品（根据来宾喜好安排）、鲜花、水果等 4. 安排公司领导与来宾合影并制作相框，全程安排会谈记录、录音、摄影、摄像 5. 公司安排来宾到本地主要景点游玩或娱乐 6. 于来宾临行时赠送纪念品，不设定具体标准

4.4 商务接待流程

4.4.1 商务接待的申请与审批。

（1）各部门实施商务接待前，应填写"商务接待申请表"，经部门主管审核，主管副总裁审批后，报管理中心商务接待秘书申请安排接待。

（2）申请部门在"商务接待申请表"内应明确来宾人数、级别、接待时间、接待事由、接待负责人等信息及相关接待要求建议。

（3）公司高层领导的商务接待活动，由其助理、秘书填写"商务接待申请表"，并作为接待负责人。

（4）商务接待秘书接到"商务接待申请表"后，应根据公司商务接待标准进行商务接待行程设计并核定接待预算后，填写"接待行程安排表"，反馈至接待申请部门确认。

（5）"接待行程安排表"经申请部门确认后，须按接待标准进行审批，审批层级如下：

接待标准	管理中心主任审核	分管副总审批	执行副总裁审批	总裁审批
普通接待	√	√		
中级接待	√	√	√	
高级接待	√	√	√	
特殊接待	√	√	√	√

（6）如接待申请部门要求部分或全面超标准接待，则应按照相应接待标准对"接待行程安排表"进行审批。

（7）商务接待秘书将获批后的"接待行程安排表"报公司财务部，作为预支、报销接待费用的预算凭证。

4.4.2 商务接待的实施。

（1）商务接待秘书依据获批的"接待行程安排表"，落实各项接待安排的责任人及物品置办。

（2）商务接待秘书将"接待行程安排表"副本发至申请部门接待负责人，以及接待活动相关领导，以便合理安排时间。

（3）商务接待秘书依据接待行程安排，协调接待负责人和公司车辆或租用车辆的时间安排。

（4）商务接待秘书依据接待行程安排，制作《来宾接待手册》，交由接待负责人，送至来宾。

（5）接待负责人应根据接待行程安排，前往车站、机场接送来宾，并陪同来宾办理入住、结算手续。

（6）如接待负责人无法陪同，可由商务接待秘书或司机代为行使接待负责人职责。

（7）接待负责人应严格执行接待行程安排，保证各项接待活动的有序衔接。

（8）公司领导与来宾合影后，由商务接待秘书将照片制成相框，交由接待负责人送达来宾，留作纪念。

（9）为来宾送行后，接待负责人应适时致电来宾，在致以问候的同时了解来宾对公司各方面的意见，以及对公司接待安排的满意度，并及时填写"商务接待总结报告"，以便公司进行改进。

4.4.3 商务接待行程的变更。

（1）商务接待过程中，如来宾要求对行程安排进行调整，现场陪同人员（接待负责人、司机及其他陪同人员）应及时地将调整意见通知商务接待秘书。

（2）商务接待秘书收到行程调整意见后，应立即对"接待行程安排表"进行调整。

（3）如行程调整仅限时间安排调整，商务接待秘书应将调整后的"接待行程安排表"报管理中心主任审批后执行，并将"接待行程安排表"副本发至相关人员。

（4）如行程调整导致预算增加，商务接待秘书应将调整后的"接待行程安排表"按审批流程重新进行审批后方可执行，并替换原"接待行程安排表"正、副本。

（5）商务接待秘书应根据调整后的行程安排，重新制作《来宾接待手册》，并送至来宾。

4.5 费用报销

4.5.1 商务接待结束后，参与接待人员应在5天内将相关票据全部交至商务接待秘书，统一办理报销手续，无故超过30天未提供票据的，不再予以报销，由财务部从责任人的工资中扣回预支费用。

4.5.2 实际发生费用在已获批预算额度内的，由商务接待秘书持发票至财务部报销。

4.5.3 实际发生费用超出获批预算额度的，由责任人填写"费用超额审批表"说明超额原因，按照商务接待审批权限进行审批，获批后方可报销。

4.6 商务接待过程要求

4.6.1 接待人员须严格遵守公司相关规定，不准有任何越格行为发生。

4.6.2 商务接待秘书须密切关注接待动态，做好控制指挥工作，保证规范进行。

4.6.3 接待过程中遇有来宾提出办理限制事宜，应婉言解释。

4.6.4 接待环境标准。

（1）物品摆放整齐，且表面无灰尘。

（2）地面干净无脏物，空气流通清新。

（3）室温适度，灯光合适，电视调好。

（4）备品齐全。

4.6.5 公司参观规定。

（1）安排来宾参观公司，须报行政部主任批准。

（2）参观介绍以商务接待秘书为主，接待部门配合。

（3）参观过程中，原则上介绍者在来宾前，接待负责人在来宾后。

（4）参观所到之处，作业人员须集中精力做事，不得东张西望，更不许与参观人员交谈，如有必要可礼貌示意。

4.6.6 接待礼仪要求。

（1）参与商务接待人员应着正装，举止礼貌。

（2）接待人员到车站、机场迎接来宾，应提前10~20分钟到达，恭候来宾，对不熟悉的来宾应事先准备迎接牌，注明公司名称和来宾称谓。

（3）接到来宾后，接待人员应主动向来宾致以问候，并主动帮助来宾提取行李。

（4）到达住宿地点后，接待人员应主动协助来宾办理入住手续，帮提行李送至房间。

（5）接待人员到车站、机场送行，应提前到达，主动帮助来宾拿取、托运行李，办理相关手续。

拟定		审核		审批	

二、来访接待流程及标准

标准文件		来访接待流程及标准	文件编号	
版次	A/0		页次	

1. 目的

为树立公司良好形象，扩大公司对外联系和交流，本着"认真负责、热情礼貌、不卑不亢、厉行节约、对口接待、严守机密、严格标准、统一管理"的原则，特制定此来访接待流程及标准。

2. 适用范围

本标准适用于公司各种接待工作。

3. 权责部门

3.1 行政部为公司接待工作的归口管理部门，负责接待工作的安排和管理，拟订重要来宾的接待计划，协调相关部门落实接待任务，提供后勤保障。

3.2 公司各部门在接到重要来访预约后，须报行政部，并协助拟订接待计划，需公司领导出面、行政部协调的重要接待应提前2天告知；对时间紧迫的临时重要接待任务，经总经理同意，可在完成接待工作后补办手续。

4. 管理规定

4.1 来宾接待准备及过程简明流程

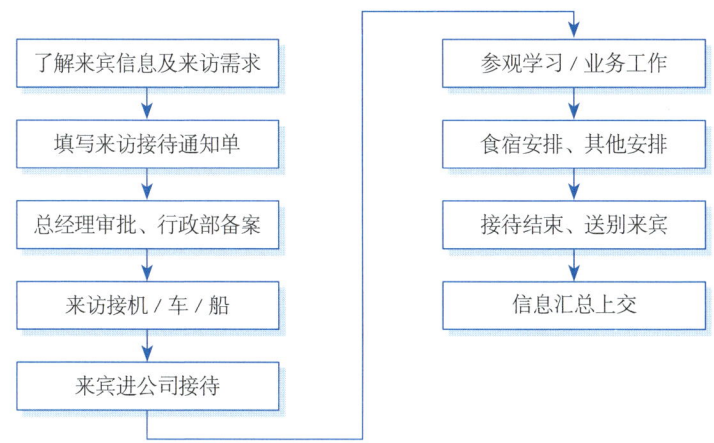

来宾接待准备及过程简明流程

4.2 计划和准备

4.2.1 行政部在接到公司领导通知或相关部门来访预约时，应了解收集来宾基本情况，如来宾职务、来访具体时间、人数、本地逗留日期、目的和要求等。在这个基础上拟订接待计划，排出日程安排表，酌情确定接待标准。

4.2.2 行政部根据来宾情况按计划通知参加会晤的领导、陪同人员，落实会晤时间及场所。

4.2.3 行政部需准备布置横幅，制作欢迎牌、指示牌，安排音响设备、投影设备、茶饮等。如有特殊需要，还要准备会场花卉、水果、领导席签，安排礼仪人员，并邀请新闻媒体和草拟新闻通稿，安排摄影摄像等。

4.2.4 如需宴请，行政部应提前按接待标准预订好宴请来宾的酒店，酌情安排用餐标准；酒水等需各部门负责人到行政部办理手续领取。

4.2.5 如需留宿，行政部提前按接待标准预约好来宾下榻酒店，酌情在房间内准备相关资料、水果等。

4.2.6 如需接送，行政部根据情况安排接待所需车辆，要保证车辆清洁，安全性能良好。

4.2.7 行政部根据情况提前购买车票及机票。

4.3 接待标准分类

4.3.1 一级接待标准。

（1）陪同人员：总经理、副总经理、行政部部长。

（2）迎接：总经理、副总经理在高速路口、车站迎接，注意把握迎候时间，提前等候于迎接地点，接待人员引见介绍主宾时，要注意顺序。

（3）参观：总经理、副总经理陪同，由行政部部长沿途介绍展示基本情况以及到达项目地后详细介绍相关信息。

（4）座谈：由所需座谈部门配合行政部人员确保公司外部环境、楼道、室内、洗手间清洁，室温适度，灯光合适，将公司简介或相关资料、纸笔、茶水杯、水果摆放于接待室。根据需要制作领导席签、横幅、欢迎牌、指示牌，调试好音响设备、投影设备、摄影摄像设备。

（5）用餐标准：办公室根据情况预订酒店。

（6）下榻宾馆标准：办公室根据情况预订酒店。

（7）办公室根据情况、来宾意愿和兴趣提前计划参观游览路线。

（8）办公室根据情况购买礼节性礼品。

4.3.2 二级标准。

（1）陪同人员：副总经理、相关部门部长。

（2）迎接：由相关部门部长到公司驻地门口迎接，引导来宾。

（3）参观：副总经理、行政部部长、相关部门部长陪同，由专职的接待人员沿途介绍展示基本情况以及到达项目地后详细介绍相关信息。

（4）座谈：由所需会谈部门配合行政部人员确保公司外部环境、楼道、室内、洗手间清洁，室温适度，灯光合适，将公司简介或相关资料、纸笔、茶水杯、水果摆放于接待室。

（5）用餐标准：办公室根据情况预订酒店。

（6）下榻宾馆标准：办公室根据情况预订酒店。

（7）办公室根据情况、来宾意愿和兴趣提前计划参观游览路线。

（8）办公室根据情况购买礼节性礼品。

4.3.3 三级标准。

（1）陪同人员：相关对口的部门经理、主任及人员。

（2）参观：相关对口的部门经理、主任及人员陪同，由专职的接待人员沿途介绍公司展示基本情况以及到达项目地后详细介绍相关信息。

（3）座谈：由所需会谈部门配合行政部人员确保公司外部环境、楼道、室内、洗手间清洁，将公司简介或相关资料、纸笔、茶水杯摆放于接待室。

（4）用餐标准：办公室根据情况预订酒店。

（5）下榻宾馆标准：办公室根据情况预订酒店。

（6）办公室根据情况、来宾意愿和兴趣提前计划参观游览路线。

（7）办公室根据情况购买礼节性礼品。

4.3.4 四级标准（临时接待）。

（1）定义：一般临时的接待，只需在短时间完成的会谈，不会产生住宿及餐饮费等。

（2）接待：相关部门人员自行接待来访人员。

（3）座谈：由该部门自行安排人员准备会谈所需物品。

（4）费用：因临时接待的不确定性，各部门临时接待费用划归部门业务费用管理，采用月定额报销的形式。

4.4 餐饮接待标准

4.4.1 根据接待人物级别按人均消费计算，具体如下：

（1）一级标准：人均消费 ×× ~ ×× 元/次。

（2）二级标准：人均消费 ×× ~ ×× 元/次。

（3）三级标准：人均消费 ×× ~ ×× 元/次。

4.4.2 餐饮接待，公司陪餐人数原则上不超过来宾数的2倍。

4.4.3 菜式可根据需要灵活调整，人均用餐费用控制在以上等级范围内即可。

4.5 住宿接待标准

4.5.1 根据接待人物级别按酒店星级及消费水平计算，具体如下：

（1）一级标准：五星级，人均消费 ×× 元/天。

（2）二级标准：四星级，人均消费 ×× 元/天。

（3）三级标准：三星级，人均消费 ×× 元/天。

（4）四级标准：其他，人均消费 ×× 元/天。

4.5.2 以上住宿标准，主宾和随行人员的人均消费可分开计算。

4.5.3 可在主宾客房内设置水果、茶叶等小件消耗品，人均 ×× 元/天。

4.6 友情礼品赠送标准

友情礼品赠送，按照主宾和随行人员分开进行配置。

（1）一级标准：人均消费 ×× 元/次，适用人群参照一级接待标准人员类型。

（2）二级标准：人均消费 ×× 元/次，适用人群参照二级接待标准人员类型。

（3）三级标准：人均消费 ×× 元/次，适用人群参照三级接待标准人员类型。

4.7 休闲旅游标准

根据接待宾客等级，控制标准如下（含旅游交通、门票、小费等）。

（1）一级标准：人均消费 ×× 元/次（或天）。

（2）二级标准：人均消费 ×× 元/次（或天）。

（3）三级标准：人均消费 ×× 元/次（或天）。

4.8 注意事项

接待中涉及机要事务、秘密文电、重要会议，要特别注意保密，接待中既要熟练介绍公司情况,又要内外有别,严守本公司商业机密,对不宜摄影摄像的场合,应向参观人员予以说明。

4.9 信息反馈

接待人员应及时地撰写重要来访信息,将与来访者交流中取得的信息进行汇总整理,提取其中对公司有价值的信息交与有部门领导。

拟定		审核		审批	

第三节 接待管理表格

一、商务接待申请表

商务接待申请表

申请部门:　　　　　　　　　负责人:

1. 客人信息:

姓名	单位	职务	电话

2. 接待时间:＿＿＿年＿＿月＿＿日至＿＿＿年＿＿月＿＿日共＿＿日
3. 接待事由:

4. 洽谈参加人员:

5. 陪同人员:

6. 招待项目:
□交通　□住宿　□宴请　□娱乐　□游览　□其他:
7. 其他要求:

部门主管	签字：　　　　　　　日期：
分管副总裁	签字：　　　　　　　日期：

二、接待行程安排表

接待行程安排表

接待部门：　　　　　　接待负责人：　　　　　　制表人：

日期/时间	接待事项	主讲/陪同	其他参加部门	地点
第一天（　月　日）					
第二天（　月　日）				
第三天（　月　日）				

配合内容清单：

配合项目	时间	配合内容	责任人	部门

招待费用预算：
□交通： □住宿： □宴请： □娱乐等：
合计：

接待部门确认	签字： 日期：
公关部主任	签字： 日期：
主管副总裁	签字： 日期：
执行副总裁	签字： 日期：
公司总裁	签字： 日期：

三、接待用餐申请表

接待用餐申请表

编号： 日期：

接待负责部门		接待负责人		负责人职务	
来宾负责人		所在企业		职务	
来宾总人数		用餐时间		陪同人数	
接待事由					
招待标准					
经办人			接待部门		
行政部			总经理		

四、接待费用报销单

接待费用报销单

编号： 日期：

姓名		职务		招待事由	
部门					
招待对象		招待人数	来宾人数 陪同人数	备注	

续表

日期	招待地点	餐饮费	住宿费	礼品礼金	其他费用	金额合计							
						十	万	千	百	十	元	角	分
金额（大写）					合计								
财务审批	部门主管审批	财务复核		部门审核		经办人			报销人				

五、商务招待费用超额审批表

商务招待费用超额审批表

申请部门：　　　　　　　　负责人：

1. 招待对象：

姓名	单位	职务

2. 招待时间：_____年___月___日至_____年___月___日共___日
3. 招待事由：

4. 获批招待费用预算：
□交通：　　　　□住宿：　　　　□宴请：　　　　□娱乐等：
合计：
5. 实际招待费用情况：
□交通：　　　　□住宿：　　　　□宴请：　　　　□娱乐等：
合计：　　　　　超额：
超额原因说明：

接待部门	签字：　　　　　　　　日期：
公关部主任	签字：　　　　　　　　日期：

续表

主管副总裁	签字： 日期：
执行副总裁	签字： 日期：
公司总裁	签字： 日期：

六、来访接待总结报告

来访接待总结报告

接待项目：
一、来访目的
□参观　□签合同　□合作　□顺访　□游玩　□其他（　　　　　　　）

二、接待总结
1. 接待情况：

2. 效果总结：

3. 后续工作：

4. 费用总结：

	预算	实际	超标*	备注
交通费				
住宿费				
餐饮费				
游览费				
其他				
合计				
情况说明				

注：超标是指超预算、超项目、超时间。

接待负责人（签字）：　　　　　　　　　日期：
部门负责人（签字）：　　　　　　　　　日期：

第三章

印信管理

第一节 印信管理要领

一、印章的管理内容

印章是印信凭证的一种，是刻在固定质料上的代表机关、组织或个人权力、职责的凭据。盖印，标志着文书生效和对文书负责。一般企业都会指定专人负责，并制定严格的用印制度，以制度防止印章被非法使用。实际上，企业印章管理是一项系统化的工作，涉及以下几方面的内容：

1. 印章的刻制

印章的刻制是印章管理工作的一个重要环节。不论刻制哪一级单位的印章，都要有上级单位批准成立该单位的正式公文。

（1）刻制印章时，必须由本单位、本部门申请，开具公函，并详细写明印章的名称、式样和规格，经上级单位批准。到单位所在地的公安部门办理登记手续。印章必须在持有公安部门颁发的特种行业营业执照的刻字单位制作。

（2）在刻制过程中，要严格按保密要求办理。承担刻制印章的单位和刻字者，一律不许留样和仿制。

（3）本单位不许自行刻制自己单位的印章。刻制本单位的业务用章，也须持有本单位的正式公函，刻字单位才能办理刻制手续。

2. 印章的启用

印章的启用是指印章从何时开始生效使用。印章的启用应注意以下事项：

（1）受印单位在收到上级单位颁发的印章后，是不能随便启用的，应该从便于工作的衔接上考虑，来确定印章的启用时间。

（2）在选择好启用印章的时间时，应该提前向有关单位发出正式启用印章的通知，注明正式启用日期，并附印模，同时报上级单位备案。

（3）颁发机关和使用机关、单位都要把启用日期的材料和印模立卷归档，永久保存。

（4）在启用印章通知规定的启用日期之前，该印章是无效的；只有在规定日期之后，印章才能使用。

3. 印章的保管

印章一般放在企业的机要室或办公室。若企业不设机要室或办公室，则应指定专人负责印章保管，并存柜加锁；同时应选择责任心强、保密观念强、敢于坚持原则的人员来保管印章。

4. 用印

在使用印章时要十分谨慎，管理者应要求每次用印都要履行批准手续，并进行登记。印章管理人员在使用印章时应做到以下几点：

（1）检查批准用印的签字是否合法。

（2）审阅、了解用印内容是否与企业利益相悖。

（3）用印必须登记。

（4）盖印必须与文件落款机构相同。

（5）不允许盖空白凭证。

5. 代章

有的企业或因为刚成立，或因为改变名称，或因为改变隶属关系，印章没有刻制出来，而有些工作又急需要使用印章，这时可以采取代章的办法，即用其他印章代替应使用的印章。代章要在落款的后边注明"代"字。

6. 印章的停用

由于企业名称变更、企业撤销、式样改变或其他原因，印章停止使用时，应该按照上级规定及领导的指示，认真负责地做好印章停用后的善后工作。其具体工作如下：

（1）要发文给与企业有业务往来的单位，通知已停止印章的使用，并说明停用的原因，标明停用的印模和停用的时间。

（2）要彻底清查所有的印章。停用的废印章不能在原企业长期留存，要及时地送交颁发单位处理。

（3）正式印章停用或作废并启用新章时，要发旧章作废、启用新章的公告。作废的旧章印在"印模栏"内，用红色；启用的新章印在"方框栏"内，用蓝色，表示刚刚启用。

（4）按规定，旧章停用后，已失去原有的法人标志，不能作为现行企业职权和活动的凭证。在特殊情况下，必须使用原企业名称时，也要坚持原则，必须使用新印章，不能使用旧印章。但可到公证处进行公证，公证"××"单位就是"原××单位"。这样，既遵守了印章使用制度，又作出了灵活处理。

7. 废印章的存档和销毁

旧印章停用后，管理人员应清查全部印章，并把清查结果报告上级管理者，请上级管理者审定旧印章的处理办法。根据上级管理者的批示，根据不同的情况，一般有以下几种处理方法：

（1）上缴颁发机构切角封存。

（2）由印章作废单位填制作废印章卡片，连同作废印章一起交给当地档案馆（室）立卷备查，并将作废印章予以销毁。

（3）由本企业自行销毁。销毁废旧印章，必须报请企业负责人批准，销毁时要有主管印章的人员监销。所有销毁的废旧印章都要留下印模保存起来，以备日后查证。

二、介绍信的管理内容

介绍信是一种使用相当广泛的身份证明。介绍信的形式一般有两种：一种是行政部门掌管的工作介绍信，按照统一格式印制，使用比较简单，有制发单位名称、使用人姓名、职务、事由、时间、有效期、用印等，只要填写即可。另一种是用公用信笺书写的，这是为请求或希望或证明某种情况而使用的。

1. 开具介绍信的手续

需要企业介绍信者，申请人应填写企业介绍信签批单，经所属主管批准后，行政部人员根据此单填写介绍信，盖章后发给申请人。履行签批手续，一可防止个人乱用介绍信，二可使企业领导掌握情况。

2. 介绍信本的管理

企业介绍信的管理，应建立一种严密的、有据可查的方法。大规模企业的介绍信，往往分给几个部门管理使用。行政部门在给职能部门分发空白介绍信本时，必须严格履行登记签收手续。

3. 使用介绍信须知

（1）负责管理介绍信的人员，应严格执行使用介绍信签批手续，否则出现问题无处查找。严禁发出空白信。

（2）介绍信存根应妥善保管，按保密要求归档，保管期五年。

（3）因情况变化，介绍信领用人没有使用介绍信，应即退还；未及时退还的，行政部人员要去收回。收回后，将它贴在原存根处，并写明情况，以免丢失。

（4）若发现介绍信丢失，领用人应立即反映，及时地采取相应措施。

（5）行政部在接待外单位介绍来人时，应认真查对来人姓名、商办事项和介绍信所开列的是否相符。

（6）一项工作需要多次联系的，未结束前，其介绍信可继续使用。结束后，行政部一定要将来人的介绍信收下备查。

第三章 | 印信管理

（7）对前来借物、借款以及商洽较重大事件的人员，当事情已经办妥，在留下介绍信时，行政部人员应要求该人员在介绍信反面签注办理情况，以便日后查对。

4. 使用介绍信的注意事项

（1）对使用介绍信者的合法身份与事由要严格审核。用信人的姓名、身份、人数、事由要一一写清楚，防止冒用和伪诈。

（2）企业名称要用全称或规范化的简称。签署、用印、时间等要写明。

（3）介绍信要有编号和骑缝章。存根和发出的信要一致。

第二节 印信管理制度

一、印章管理办法

标准文件		印章管理办法	文件编号	
版次	A/0		页次	

1. 目的

为了保证公司印章刻制、保管以及使用的合法性、严肃性和安全性，依据公司规范运营、防范风险的管理规定，有效地维护公司利益，特制定本管理办法。

本管理办法所指印章包括公司印章、法定代表人印章、合同专用章、财务专用章等具有法律效力的印章。

2. 适用范围

本管理办法适用于公司公文、信函、授权委托书、证件、证书、财务报表、统计报表及对外签署的合同、协议及其他需用印章的文本等。

3. 管理规定

3.1 印章授权管理和使用部门

3.1.1 公司印章，由公司董事长授权向相关部门核发或核销。

3.1.2 公司印章由董事长授权以下部门分别管理和使用：

（1）公司行政章、法定代表人印章由公司办公室负责管理和使用。

（2）财务专用章、发票专用章由财务部负责管理和使用。

（3）合同专用章由公司法务部负责管理和使用。

（4）公司其他部门因工作需要配置其他用途公章时亦应按本办法执行。

39

（5）凡因工作需要并符合本条规定配置印章或更换印章需向公司办公室提交书面申请，经董事长批准同意后配置或更换印章。

（6）印章刻制由公司办公室负责，经公安机关核准，到指定的单位刻制；印章的规格、样式由公司办公室按有关规定办理。

3.2 印章的管理

3.2.1 公司的所有印章，均由公司办公室负责登记、留样并确定印章保管及使用责任人（以下简称"印章专管员"）。

3.2.2 办公室向印章专管员移交印章时，应填写"公司印章留样备案表"。

3.2.3 由于印章磨损而更换新的印章，仍需在公司办公室登记、留样。

3.2.4 公司部门撤销或重组，原部门有关印章交回公司办公室，由公司办公室负责销毁。

3.2.5 严禁印章专管员将印章转借他人。

3.2.6 印章丢失时，印章专管员应当及时地向公司办公室提交书面报告，公司办公室应及时地采取相关补救措施，包括但不限于追查印章下落、公告印章作废、对责任人进行处罚等。

3.2.7 公司决定需要停用印章的，由董事长签字同意后由公司办公室下发通知将停用原因、时间通知公司各有关部门，并收回停用的印章切角封存或销毁。

3.2.8 各部门不得擅自刻制印章，违反本项规定给公司造成的全部经济损失由当事人承担全额赔偿责任。

3.3 印章专管员的职责

3.3.1 印章专管员每天下班前应检查印章是否齐全，并将印章锁进保险柜内，妥善保管，不得将印章存放在办公桌内；次日上班后，应首先检查所保管印章保险柜有无异样，若发现意外情况应立即报告。

3.3.2 印章专管员因事、病、休假等原因不在岗位时，印章授权人应指定他人代管印章，印章专管员要向代管人员交接工作，交代用印时的注意事项。

3.3.3 印章专管员正常上班后，代管人员应向专管员交接工作，登记用印的起止日期，实行管印人员登记备案制，以明确责任，落实到人。

3.3.4 交接工作时，应严格办理交接手续，填写印章交接单，登记交接日期、管理印章类别。分别由交接人员、印章授权人签字认可后备存。

3.3.5 印章专管员要坚持原则，遵守保密规定，严格照章用印。未按批准权限用印或用印审批手续不全的，印章专管员不予用印；经办人拒绝印章专管员审核文件内容或审批手续的，印章专管员可拒绝用印并报告领导处理。

3.3.6 印章专管员用印盖章位置要准确、恰当，印迹要端正清晰，印章的名称与用印件的落款要一致，不漏盖、不多盖。介绍信、便函、授权委托书要有存根，要在落款和骑缝处一并加盖印章。

3.3.7 印章专管员不得擅自用印，若因擅自用印导致公司遭受经济损失时，由其承担全部赔偿责任并按公司人力资源管理的规定进行处罚。

3.3.8 印章专管员离职时，其管理的印章记录和档案须作为员工离职移交工作的一部分。印章专管员离职时，须办理分管印章的移交手续并填写印章专管人离职交接单后方可办理离职手续。

3.3.9 禁止任何人未经批准携带公章外出。如确需带出使用时，须经董事长批准并填写公章外出使用审批单；非公章专管人员携带外出时，用印人还应填写印章交接单办理交接手续。

3.4 各类公章的使用规定

3.4.1 公司印章的使用。

（1）办理使用公司印章的事项，须由业务经办人认真填写相应的审批文件并取得相应权限的领导的审批同意后，连同需用印的文件等一并交印章专管员，由其审核审批手续齐备后用印。

（2）凡有公司相应权限的领导签署的文件或发文批准书、业务报表、邀请函等，可直接加盖相应的公司印章，但印章专管员仍应填写用印审批记录单并留存复印件以完善相关档案，依据本条规定填写的单据无需审批人签字。

（3）除本条第（2）项规定的情况外，凡加盖公司印章的存根类介绍信（开具时必须按要求认真填写存根）、便函、授权委托书、发文批准书、业务报表、邀请函等文件，均须填写用印审批记录单并经相应管理领导审批签字同意后，方可使用公司印章。

（4）公司印章、法定代表人印章、财务专用章及公司其他印章（合同专用章除外）所用印的文件、资料、附件资料及用印审批记录单作为用印凭据档案由印章专管员留存。涉及法律等重要事项需使用印章的，须依有关规定经公司法务部门审核签字后方可使用。

（5）禁止在手写文件上加盖公司印章。

（6）禁止在内容填写不全的文件或空白的纸张、介绍信、便函、证件、授权委托书、发文批准书、业务报表、邀请函上加盖公司印章。

3.4.2 合同专用章的使用规定

（1）对外签署的合同或协议，应按《公司章程》及公司合同管理规定办理审批程序。

（2）公司合同专用章由公司法务部指派专人担任印章专管员负责保管。

（3）需使用合同专用章时，经办人应填写公司合同专用章用印审批单，经公司相应权限的领导审批同意方可用印。交公司领导审批的合同，应注有公司法务部、顾问律师及该合同对应的业务部门负责人的审核意见。

（4）用印的合同上应当先由合同授权签约代表人签字并注明年月日后，方可用印。

（5）禁止在手写合同或合同内容填写不全的合同上加盖公司合同专用章。

（6）对外签署的合同或协议等，须在合缝处加盖合同专用章。

3.4.3 财务人员依日常的权限及常规工作内容自行使用财务印章的无须办理审批程序。公司对外报送的各类业务报表（财务报表、统计报表等）及其他需用公司财务印章的文本等，须按规定办理用印手续。

3.4.4 公司其他各部门印章、业务专用章的使用，由相关部门作出相关规定，并报公司办公室备案。

3.4.5 公司各类印章实行用印登记制度，印章专管员应在每年度6月30日前、12月31日前将该期间填写的用印登记簿及用印资料档案全部移交公司档案保管人存档。

3.5 法律责任

3.5.1 所有人员必须严格依照本制度规定程序使用印章，不符合本制度规定的，不得擅自使用。

3.5.2 如违反本制度的规定使用印章，造成丢失、盗用、仿制等，依情节轻重，对责任者分别进行批评教育、行政处分、经济处罚直至追究刑事法律责任。

拟定		审核		审批	

二、印章、证照、介绍信、法人授权委托书管理规定

标准文件		印章、证照、介绍信、法人授权委托书管理规定	文件编号	
版次	A/0		页次	

1. 目的

为规范公司印章、证照、介绍信、法人授权委托书的管理，降低经营风险，减少或避免经济纠纷，特制定本管理规定。

2. 适用范围

2.1 本管理规定所指印章管理包括对公司公章、法人印章、公司合同章、公司财务章、人事专用章的管理。

2.2 本管理规定所指证照包括公司营业执照、资质证书、企业法定代表人证明书、法定代表人身份证（复印件）、安全生产许可证、质量管理体系认证证书、职业健康安全管理体系认证证书、社保登记证、信用等级证书、开户许可证以及

相关荣誉证书等。

3. 管理规定

3.1 管理原则

3.1.1 印章、证照、介绍信、法人授权委托书等应由专人保管，实行申请、审批、登记使用制度，并做好详细记录，妥善保管，资料须按时立卷归档。

3.1.2 凡使用公司印章、证照、开具介绍信和法人授权委托书都必须经公司总经理确认同意。凡涉及重大人事、资金、投资、担保、机构调整、重要经济合同或资产变更等重大事项或需用法定代表人印章或开具法人授权委托书的，须经法定代表人本人或委托授权人签字确认。

3.2 印章的管理及使用

3.2.1 公司公章、法定代表人印章由总经理亲自保管或安排专人保管，一般情况不得携带外出，特殊情况确需携带印章外出的，应提前提交申请并说明情况，经批准后方可带出。

3.2.2 盖章前印章保管人员须核对需要盖章的文件内容是否与之前谈好的内容相符，做到不随意盖章，不盖空白件。

3.2.3 公司印制的文件（包括内发文件、上行文件、对外函件）须根据实际签发的内容和份数使用印章。

3.2.4 合同文件用印须填报"合同用印申请表"，经部门经理确认、相关职能部门审核并提交总经理批准后方可盖章。

3.3 证照管理

3.3.1 公司开户许可证、税务登记证、社保登记证、信用等级证由公司财务部负责管理，其余证照由公司总经理保存。

3.3.2 借用公司证照必须填报"借用证照申请表"，经部门经理确认、相关职能部门审核并提交总经理批准后方可借用。借用后须按时归还所借证照，逾期不能归还必须向相关负责人进行告知。

3.3.3 向外单位提交加盖公司印章的证照复印件或公司法定代表人身份证复印件，须填报"借用证照登记表"，经部门经理确认、相关职能部门审核并提交总经理批准后，在复印件上按批准项目注明用途后方可提交。

3.4 介绍信管理

3.4.1 公司介绍信由人力资源部统一管理。

3.4.2 开具介绍信必须填报"介绍信申请表"，经部门经理确认、相关职能部门审核并提交总经理批准后方可开具。

3.5 授权委托书管理

3.5.1 公司法人授权委托书由公司总经理或授权委托人进行管理。

3.5.2 开具法人授权委托书必须填报"授权委托书申请表",明确申请事由、拟定代理人、代理事项、代理权限、代理期限,经部门经理确认、相关职能部门审核并提交总经理批准后方可开具。

拟定		审核		审批	

第三节　印信管理表格

一、关于公司启用有关 ____ 专用章的通知

关于公司启用有关 ____ 专用章的通知

_____ 公司各部门及分子公司：

根据 ____ 公司《公司印章管理办法》第 ____ 条的规定,由于 _____,现公司已启用"_____ 专用章",该印章由公司 ____ 部门管理,专管人员为 ____。为实现公司各部门业务对接、规范我公司的对内对外管理,自 ____ 年 ___ 月 ___ 日起,启用本通知附件的公章,原"_____ 专用章"同时废止。

特此函告。

附件：新旧印章样式

　　　　　　　　　　　　　　　　　　　　　　　　　　日期：

旧印章样式　　　新印章样式

[　　]　　[　　]

主题词：印章　启用　通知
抄送：_____,_____,_____,_____。

_____ 公司办公室 ____ 年 ___ 月 ___ 日印发

二、关于公司停用有关 ____ 专用章的通知

关于公司停用有关 ____ 专用章的通知

_____ 公司各部门及分子公司：
　　根据 ____ 公司《公司印章管理办法》第 ____ 条的规定，由于 _____，现公司决定作废停用原由公司 ____ 部门专管人员 ____ 管理的"_____ 专用章"。
　　____ 年 ___ 月 ___ 日前加盖该印章的全部公司文件仍然有效。
　　特此函告。
　　附件：停用印章样式
　　　　　　　　　　　　　　　　　　　　　　　　　　　　　日期：

　　　　　　　　　　　　停用印章样式
　　　　　　　　　　　　　□

主题词：印章　停用　通知
抄送：_____,_____,_____,_____。
_____ 公司办公室 ____ 年 ___ 月 ___ 日印发

三、印章留样备案表

印章留样备案表

　　　　　　　　　　　　　　　　　　　　　　　　　　　　No.：_____

印章名称：_____
审批人：_____
刻制人：_____
启用时间：_____
配置及保管部门：_____
印章用途：_____
印章专管员：_____

　　　　　　　　　印章留样

本留样印章自 ____ 年 ___ 月 ___ 日启用。
印章领用凭据及承诺：
　　本人作为本留样印章的保管及使用责任人，于 ____ 年 ___ 月 ___ 日自公司办公室领取本印章，本人承诺将尽职妥善保管本印章，依照公司《印章管理制度》使用印章、做好该印章的使用记录、保管相应的审批文件资料；若因本人故意或过失使用本印章导致公司遭受经济损失时，本人自愿全额

续表

赔偿对公司因此导致的全部经济损失并接受公司的相应处罚。	
	印章专管员：_____
	日期：

四、印章交接单

印章交接单

No.：_____

部门名称：_____
交接印章名称：_____
交接日期：_____
用印注意事项说明：
1. 交接人双方的行为均应遵守 _____ 公司《公司印章管理办法》之规定。
2. 其他说明事项：_____
_____
_____
3. 印章留样：

留样

4. 本印章自 ____ 年 __ 月 __ 日 ____ 时起，经印章授权人签字确认后，其保管责任和用印责任均由印章接收人 _____ 负责。
   移交人：   日期：
   接收人：   日期：
   印章授权人签字确认：   日期：

五、印章专管人离职交接单

印章专管人离职交接单

No.：_____

部门名称：_____
离职交接印章名称：_____
交接日期：_____
1. 离职人员应当将本印章交付继任印章专管员，交接人双方的行为均应遵守 _____ 公司《公司印章管理办法》的规定。

续表

> 2. 离职人员应当将其管理本印章期间的全部用印备案资料一并移交给继任印章专管员，并书面确认除前述印章资料外，再无其他用印情况；若有遗漏用印情况且导致公司遭受经济损失，无论公司何时发现，印章专管员均对前述损失承担全额赔偿责任。
> 3. 其他说明：_____
> 4. 印章留样：
>
> ［留样］
>
> 5. 本印章自 ____ 年 ____ 月 ____ 日 ____ 时起，经印章授权人签字确认后，其保管责任和用印责任均由印章接收人 _____ 负责。
> 移交人：　　　　　　　　　　　日期：
> 接收人：　　　　　　　　　　　日期：
> 印章授权人签字确认：　　　　　日期：

六、印章外出使用审批单

> **印章外出使用审批单**
>
> No.：_____
>
> 1. 部门名称：_____
> 2. 外出印章名称：_____
> 3. 使用日期：____ 月 ____ 日
> 4. 用印事项：_____
> 5. 外出使用原因：_____
> _____
> 6. 用印责任人：_____
> 印章留样：
>
> ［留样］
>
> 7. 本印章自 ____ 年 ____ 月 ____ 日 ____ 时经授权人签字同意外出使用期间，其保管责任和用印责任均由用印责任人 _____ 负责。
>
> 申请人：　　　　　　　　　　　日期：
> 印章授权人签字确认：　　　　　日期：

七、用印审批记录单

用印审批记录单

No. : ＿＿＿＿＿＿

申请人：＿＿＿＿＿＿＿＿＿
申请日期：＿＿＿＿＿＿＿＿＿
申请人所在部门：＿＿＿＿＿＿＿＿＿
所在部门负责人审核意见：同意□（由当事人勾选）＿＿＿＿＿＿。

文件名称	正／复印件	份数	用途说明
	□正本 □复印件		
	□正本 □复印件		
	□正本 □复印件		
	□正本 □复印件		
审批同意人 【本栏根据是否需要逐级审批的具体情况填写，不需填全所有栏目】	办公室负责人	同意□	签名：
	财务部负责人	同意□	签名：
	法务部负责人	同意□	签名：
	总经理	同意□	
	董事长	同意□	签名：
申请使用的印章： □公司印章 □法定代表人印章 □合同专用章 □财务专用章	用印情况（由当事人勾选）		
	已用印□　　（申请人签名）（日期）		
	已用印□　　（保管人签名）（日期）		
备注说明			
注意事项	用印文件的复印件作为本审批单必须附备的文件。		

八、合同专用章用印审批单

合同专用章用印审批单

No. : ＿＿＿＿＿＿

用印申请部门		合同份数	
经办人签字		联系电话	
签约方	甲方：		
	乙方：		
	其他方（包括担保方或丙方）：		

48

续表

涉及金额			
签约负责人		联系电话	
部门经理签字			
顾问律师意见：			
法务部意见：			
总经理审批			
董事长审批			

九、印章使用登记簿

印章使用登记簿

填表部门：　　　　　　　填表人：

序号	盖章时间	文件名称及发文号	批准部门	批准人	印章专管员或代行人	备注

十、外借印章申请表

外借印章申请表

申请部门		申请人		预还时间		还回确认	
印章名称				资料名称			
申请事由：							

续表

部门主管意见：	行政部经理意见：	总经理意见：	董事长意见：
日期：	日期：	日期：	日期：

申请人保证：绝不超范围使用该印章及档案资料，否则我愿意承担所有法律责任和赔偿一切经济损失。

十一、印信使用、刻制、法人代表签名申请表

印信使用、刻制、法人代表签名申请表

日期：

申请部门		印信名		申请人	
资料名称				份数	
申请事由：					

部门主管意见：	行政部经理意见：	总经理意见：	董事长意见：
日期：	日期：	日期：	日期：

十二、印章管理台账（发票专用章）

印章管理台账（发票专用章）

印模	印章名称	发票专用章	印章保管记录	姓名	日期
	使用范围				
	1. 用于向税务部门购买发票 2. 公司业务收入开具的普票、增值税发票				

十三、印章管理台账（法人私章）

印章管理台账（法人私章）

印模	印章名称	法人私章	印章保管记录	姓名	日期
	使用范围				
	1. 用于银行业务；签收、签发支票 2. 经审核的税务报表				

十四、印章留样汇总记录表

印章留样汇总记录表

印章留样（拓印）	印章使用范围及保管要求	保管部门	保管人	责任人

填报日期：

十五、用印申请单

用印申请单

单位			申请日期	
用印类别			份数	
文件名称及说明					

续表

印鉴留存	核准	申请人

十六、印章保管人责任状

印章保管人责任状

　　我受公司法定代表人委托,负责保管并按规定使用公司印章。在此我郑重承诺:我将严格遵守《公司印章使用管理办法》,在使用印章时按章办事,不徇私情。对于我个人在印章使用过程中未按制度和规定程序工作而给企业带来的任何损失,我愿意承担一切经济和法律责任。
　　企业法定代表人签字:
　　企业公章:
　　印章保管人签字及指印:
　　　　　　　　　　　　　　　　　　　　　　　　　　　　日期:

十七、公章保管委托书

公章保管委托书

公司印章名称			
印章保管委托人			
委托人职务	法定代表人	印模	
委托保管期限			
接受委托保管人	保管人职务	身份证件号码	有效联系方式

委托书
一、自即日起,将公司公章委托给保管员,即为公司公章保管人。公章管理按《公司印章管理使用规定》执行。 　　二、行政公章保管人必须妥善保管行政公章。公章保管人没有公章使用权,仅对使用权人下达的用印指令实施用印负责。 　　三、行政公章的使用权人以书面签字、发文签字形式通知公章保管人用印;公章保管人不见使用权人用印指令不得擅自用印。 　　四、本委托书一式二份,一份交办公室存档,一份连同公章与公章启用函件一并交付行政公章保管人保管。 　　　　委托人签字: 　　　　接受委托人签字: 　　　　　　　　　　　　　　　　　　　　　　　　　　　　日期:

十八、合同专用章保管委托书

合同专用章保管委托书

公司印章名称			
印章保管委托人			
委托人职务	公司法定代表人	印模	
委托保管期限			
接受委托保管人	保管人职务	身份证件号码	有效联系方式

委托书

一、自即日起，将公司合同专用章委托给保管员，即为公司合同专用章保管人。印章管理按《公司印章管理使用规定》执行。

二、合同专用章保管人必须妥善保管合同专用章。印章保管人没有印章使用权，仅对使用权人下达的用印指令实施用印负责。

三、合同专用章的使用权人以书面签字、发文签字形式通知印章保管人用印；印章保管人不见使用权人用印指令不得擅自用印。

四、本委托书一式二份，一份交行政部办公室存档，一份连同合同专用章与印章启用函件一并交付合同专用章保管人保管。

委托人签字：

接受委托人签字：

日期：

十九、印章借用／托管登记表

印章借用／托管登记表

公章借用部门	公章借用人	有效联系方式	起借日期	计划归还日期
借用理由（目的地／用途）				
借用部门经理签字	行政部领导签字	总经理签字	移交公章保管权人	接受公章保管权人

接受公章保管权人保证书：借用公章期间，公章只用于借用理由栏所列地点和用途，用完后保证立即归还公司公章保管人．如作其他用途或因未及时归还公章而造成的一切后果由本人承担。

归还公章日期	归还公章人签字	公章保管人签字	备注	

注：本表由公司公章保管人制发，须认真填写交公章保管人妥善收存，长期存档备查。

二十、公章使用登记审批表

公章使用登记审批表

使用时间	使用人	用印文件名称	用印类型	批准用印人	备注

说明：公章类型为：行政公章和合同章。企业法人委托保管公章人为公章保管人；总经理为公章使用权人，即本表批准用印人；需要盖章的部门和个人为公章使用人，公章使用人填写本表并送请公章使用权人签字批准，公章保管人见批准用印人签字用印；本表归档保存10年备查。

二十一、公司证照、印章使用登记表

公司证照、印章使用登记表

序号	使用人	使用日期	用途	审批人	备注

二十二、证照办理（变更）申请表

证照办理（变更）申请表

证照名称	
申请事由	
	申请人： 日期：
申请人所在单位意见	
	第一负责人： 日期：

续表

审批单位意见	
	审批负责人： 日期：
新证移交及旧证缴销情况	
	经办人签名： 日期：

二十三、证照使用申请表

证照使用申请表

证照名称	
证照类型	□正本　□副本　□复印件
申请使用起止时间	自____年__月__日至____年__月__日
申请使用事由	
	申请人： 日期：
申请人所在部门意见	
	第一负责人： 日期：
审批部门意见	
	审批负责人： 日期：
证照归还情况	
	经办人签名： 日期：

二十四、证照使用归档登记单

证照使用归档登记单

证照名称	
证照类型	□正本　□副本　□复印件
使用起止时间	自____年__月__日至____年__月__日
证照归还情况	
	经办人（双方）签名： 日期：

二十五、证照借用申请表

证照借用申请表

借用人		所在部门	
借用时间		归还时间	
借用证照名称			
借用事由			
主管领导审批			

二十六、证照借用登记表

证照借用登记表

借用证照名称	借用事由	所在部门	借用人	借用时间	归还时间

二十七、介绍信使用审批单

介绍信使用审批单

日期：　　　　　　　　　　　　　　　　　　　　　　　编号：

使用部门		部门经办人			
用途					
部门领导签字		综合办公室文秘经理签字			
综合办公室主任签字		公司领导签字			

第四章

保密工作管理

第一节 保密工作管理要领

一、保密工作的基本内容

在大多数人看来，保密工作是指对技术、财务、商务信息的保密，看起来很简单，实际上这是一个非常繁重的事务，涉及的内容也比较广。

1. 文件保密

对文件的保密，主要是为了确保文件信息不外泄。一般是从文件密级、阅读权限、印制权限等方面入手，从而确保文件信息不得外流。

2. 会议保密

为了确保会议商议信息不外泄，一般是通过规定保密纪律、规范与会人员、选择秘密地点等方法来实现。

3. 经济保密

经济保密工作是维护企业经济利益的需要。一般来说，具体采取的经济保密措施主要包括以下三个方面：

（1）划定一般经济情报与秘密经济情报的明确界限。将经济情报划分为两类，防止将秘密经济情报作为一般经济情报传递，造成泄密。

（2）有关公司经营的重要政策和重大的改革措施，如产品价格等方面的调整，在讨论酝酿阶段直到出台前，都要严守秘密，以确保顺利实施。

（3）凡未公布的发展计划、统计方面的资料等，任何人都不能将其擅自对外提供或公开发表。

4. 涉外保密

近年来，随着业务的不断扩大，尤其是全球经济一体化的深化，企业将目光转向国际市场之际，涉外方面的保密工作也成为企业的一项重要工作内容。具体可采取以下几个方面的措施：

（1）对员工加强保密教育，让员工树立保密意识，在日常工作中提高警惕，积极防范各种可能的情报搜集活动。

（2）凡有涉外接待活动的部门，要严格划分密与非密、核心秘密与非核心秘密的界限，规定统一的对外口径和保密范围。

（3）公司员工参加外事活动和进入外国人住处，不能携带秘密文件、资料及物品。如确需携带的，应事先履行批准手续，并严加保管。

（4）没有公司管理层的许可，员工不能将属于公司秘密的文件、资料和其他相关物品携带、传递、寄运出境。

（5）公司要求涉外部门员工严守纪律、时刻提高警惕，不能随便许诺、不拿原则做交易、严格执行外事工作各项规定和保密守则，并对其进行必要的培训，学习掌握必要的反窃密知识和技术，以适应工作需要。

5. 电脑保密

随着现代科学技术发展，电脑等电子设备已广泛进入办公室，成为不可缺少的现代化办公手段和基本设备。办公室工作人员不仅要利用电脑处理文字，如文件的录入、储存、编辑、打印等，而且还要进行管理，如文件归档、登记、检索，通过信息网络进行传递，共享系统信息资源等。如果没有较强的保密观念，没有必要的保密措施，就可能随时出现失密泄密事故。因而，公司员工必须加强保密观念，全面掌握各类电脑设备性能，制订保密措施，防止失密。

二、保密常用措施

企业保密工作是一项复杂的系统工程，它需要企业从以下几方面入手：

1. 从管理体制入手

企业要做好保密工作，首先必须在管理体制及组织机构的合理设置方面有所保证。企业各级领导要加强对保密工作的指导，设置保密组织机构；各部门的办公室也要根据保密工作的实际情况，配备专兼职保密人员，从而形成有效的管理机制。

2. 从物质技术入手

物质技术主要是指保密工作中所采用的技术保障手段和措施。企业在保密工作方面的物质技术分为两类：一类是企业办公室的保密技术装备和设施；另一类是保密工作部门办公自动化设备，包括办公、宣传教育、保密检查的技术设备等。

3. 从信息系统入手

只有建立一个高效率的信息网络，企业的商业秘密和重要信息才能为决策层充分掌握，为正确决策提供可靠依据。保密工作信息系统不仅要搜集、利用保密工作开展过程中的信息，而且要了解、利用影响保密工作的各种外部因素变动的信息。

第二节 保密管理制度

一、商业保密制度

标准文件		商业保密制度	文件编号	
版次	A/0		页次	

1. 目的

根据国家相关规定，结合公司实际情况，为保障公司整体利益和长远利益，使公司长期、稳定、高效地发展，适应激烈的市场竞争，特制定本制度。

2. 适用范围

适用于公司所有员工。包括技术开发人员、销售人员、行政管理人员、生产和后勤服务人员等（以下简称"工作人员"），都有保守公司商业秘密的义务。

3. 管理规定

3.1 公司秘密的范围

3.1.1 公司秘密是指不为公众所知晓、能为公司带来经济利益、具有实用性且由公司采取保密措施的技术信息和经营信息。

（1）不为公众所知晓，是指该信息不能从公开渠道直接获取。

（2）能为公司带来经济利益、具有实用性，是指该信息具有确定的可应用性，能为公司带来现实的或者潜在的经济利益或者竞争优势。

（3）公司采取保密措施，包括订立保密协议、建立保密制度及采取其他合理的保密措施。

（4）技术信息和经营信息，包括内部文件，如设计、程序、产品配方、制作工艺、制作方法、管理诀窍、客户名单、货源情报、产销策略、招投标中的标底及标书内容等。

3.1.2 公司秘密包括但不限于以下事项：

（1）公司生产经营、发展战略中的秘密事项。

（2）公司就经营管理作出的重大决策中的秘密事项。

（3）公司生产、科研、科技交流中的秘密事项。

（4）公司对外活动（包括外事活动）中的秘密事项以及对外承担保密义务的事项。

（5）维护公司安全和追查侵犯公司利益的经济犯罪中的秘密事项。

（6）客户及其网络的有关资料。

（7）其他公司的秘密事项。

3.2 密级分类

3.2.1 绝密是指与公司生存、生产、科研、经营、人事有重大利益关系，一旦泄露会使公司的安全和利益遭受特别严重损害的事项，主要包括以下内容：

（1）公司股份构成，投资情况，新产品、新技术、新设备的开发研制资料，各种产品配方、产品图纸和模具图纸。

（2）公司总体发展规划、经营战略、营销策略、商务谈判内容及载体，正式合同和协议文书。

（3）按《档案法》规定属于绝密级别的各种档案。

（4）公司重要会议纪要。

3.2.2 机密是指与本公司的生存、生产、科研、经营、人事有重要利益关系，一旦泄露会使公司安全和利益遭受严重损害的事项，主要包括以下内容：

（1）尚未确定的公司重要人事调整及安排情况，行政部对管理人员的考评材料。

（2）公司与外部高层人士、科研人员的来往情况及其载体。

（3）公司薪金制度，财务专用印鉴、账号，保险柜密码，月度、季度、年度财务预、决算报告及各类财务、统计报表，电脑开启密码，重要磁盘、磁带的内容及其存放位置。

（4）公司大事记。

（5）产品的制造工艺、控制标准、原材料标准、成品及半成品检测报告、进口设备仪器图纸和相关资料。

（6）按《档案法》规定属于机密级别的各种档案。

（7）获得竞争对手情况的方法、渠道及公司相应对策。

（8）外事活动中内部掌握的原则和政策。

（9）公司总监（助理级别）以上管理人员的家庭住址及外出活动去向。

3.2.3 秘密是指与本公司生存、生产、经营、科研、人事有较大利益关系，一旦泄露会使公司的安全和利益遭受损害的事项，主要包括以下内容：

（1）消费层次调查情况，市场潜力调查预测情况，未来新产品的市场预测情况及其载体。

（2）广告企划、营销企划方案。

（3）总经理办公室、财务部、行政部等有关部门所调查的违法违纪事件及责任人情况和载体。

（4）生产、技术、财务部门的安全保卫情况。

（5）各类设备图纸、说明书、基建图纸、各类仪器资料、各类技术通知及文件等。

（6）按《档案法》规定属于秘密级别的各种档案。

（7）各种检查表格和检查结果。

3.3 保密措施

3.3.1 各密级知晓范围。

（1）绝密级。董事会成员、总经理、监事会成员及与绝密内容有直接关系的工作人员。

（2）机密级。总监（助理）级别以上管理人员以及与机密内容有直接关系的工作人员。

（3）秘密级。部门经理级别以上管理人员以及与秘密内容有直接关系的工作人员。

3.3.2 公司员工必须具有保密意识，做到不该问的绝对不问，不该说的绝对不说，不该看的绝对不看。

3.3.3 总经理负责领导保密的全面工作，各部门负责人为本部门的保密工作负责人，各部门及下属单位必须设立兼职保密员。

3.3.4 如果在对外交往与合作中需要提供公司秘密，应先由总经理批准。

3.3.5 严禁在公共场合或利用公用电话、传真交谈、传递保密事项，不准在私人交往中泄露公司秘密。

3.3.6 公司员工发现公司秘密已经泄露或可能泄露时，应立即采取补救措施并及时报告总经理办公室，总经理办公室应立即作出相应处理。

3.3.7 总经理办公室及各机要部门必须安装防盗门窗、严格保管钥匙，非本部门人员得到获准后方可进入，离开时要落锁，清洁卫生要有专人负责或者在专人监督下进行。

3.3.8 备有电脑、复印机、传真机的部门都要依据本制度制定本部门的保密细则，并严格执行。

3.3.9 文档人员、保密人员出现工作变动时应及时办理交接手续，交由主管领导签字。

3.3.10 司机对领导在车内的谈话要严格保密。

3.4 保密环节

3.4.1 文件打印。

（1）文件由原稿提供部门领导签字，签字领导对文件内容负责，文件内不得出现对公司不利或不该宣传的内容，同时确定文件编号、保密级别、发放范围和打印份数。

（2）打印部门要做好登记，打印、校对人员的姓名应反映在发文单中，保密文件应由总经理办公室负责打印。

（3）打印完毕，所有文件废稿应全部销毁，电脑存盘应消除或加密保存。

3.4.2 文件发送和 E-mail 使用。

（1）文件打印完毕，由文印室专门人员负责转交发文部门，并做好登记，不得转交无关人员。

（2）发文部门下发文件时应认真做好发文记录。

（3）保密文件应由发文部门负责人或其指定人员签收，不得交给其他人员。

（4）对于剩余文件应妥善保管，不得遗失。

（5）发送保密文件时应由专人负责，严禁让试用期员工发送保密文件。

（6）公司禁止员工在工作期间登录个人 E-mail。员工在上班期间，应用公司的个人邮箱传递信息。

3.4.3 文件复印。

（1）原则上保密文件不得复印，如遇特殊情况需由总经理批准方可执行。

（2）文件复印应做好登记。

（3）复印件只能交给部门主管或其指定人员，不得交给其他人员。

（4）一般文件复印应有部门负责人签字，注明复印份数。

（5）复印废件应即时销毁。

3.4.4 文件借阅。

借阅保密文件时必须经借阅方和提供方领导签字批准，提供方负责做到专项登记，借阅人员不得摘抄、复印或向无关人员透露，确需摘抄、复印时，要经提供方领导签字并注明。

3.4.5 传真件。

（1）传递保密文件时，不得通过公用邮箱。

（2）收发传真件时做好登记。

（3）保密传真件的收件人只能为部门主管负责人或其指定人员。

3.4.6 录音、录像。

（1）录音、录像应由指定部门整理并确定保密级别。

（2）保密录音、录像材料由总经理办公室负责存档管理。

3.4.7 档案。

（1）档案室为材料保管重地，无关人员一律不准进入。

（2）借阅文件时应填写"申请借阅单"，并由主管领导签字。

（3）秘密文件仅限下发范围内人员借阅，如遇特殊情况需由总经理办公室批准借阅。

（4）秘密文件的保管应与普通文件区别开，按等级、期限加强保护。

（5）档案销毁应经鉴定小组批准后指定专人监销，要保证两人以上参加，并做好登记。

（6）不得将档案材料借给无关人员查阅。

（7）秘密档案不得复印、摘抄，如遇特殊情况需由总经理批准后方可执行。

3.4.8 客人活动范围。

（1）保安部应加强保密意识，无关人员不得在机要部门出入。

（2）客人到公司参观、办事，必须遵循有关管理规定，无关人员不得进入公司。

（3）客人到公司参观时，不得接触公司文件、货物和营销材料等保密件。

3.4.9 保密部门管理。

（1）与保密材料相关的部门均为保密部门，如总经理办公室、收发室、档案室、文印室、工艺室、研发室、实验室、配料室、化验室以及财务部、行政部等。

（2）各部门需指定兼职保密员，从而加强保密工作。

（3）保密部门应对出入人员进行控制，无关人员不得进入并停留。

（4）保密部门的对外材料交流应由保密员操作。

（5）保密部门应根据实际工作情况制定保密细则，做好保密材料的保管、登记和使用记录工作。

3.4.10 会议。

（1）所有重要会议均由总经理办公室协助相关部门做好保密工作。

（2）应严格控制参会人员，无关人员不应参加。

（3）会务组应认真做好到会人员签到及材料发放登记工作。

（4）保卫人员应认真鉴别到会人员，无关人员不得入内。

（5）会议录音、摄像人员由总经理办公室指定。

3.4.11 保密协议与竞业限制协议。

（1）公司要按照有关法律规定，与相关工作人员签订保密协议和竞业限制协议。

（2）保密协议与竞业限制协议一经双方当事人签字盖章，即发生法律效力，任何一方违反协议，另一方都可以依法向仲裁机构申请仲裁或向人民法院提起诉讼。

3.4.12 员工离职规定。

（1）员工离开公司时，必须将有关本公司技术信息和经营信息的全部资料（如试验报告、数据手稿、图纸、软盘和调测说明等）交回公司。

（2）员工离开公司时，公司需要以书面或者口头形式向该员工重申保密义务和竞业限制义务，并可以向其新任职的单位通报该员工在原单位所承担的保密义务和竞业限制义务。

（3）员工离开公司后，利用在公司掌握或接触的由公司所拥有的商业秘密，并在此基础上做出新的技术成果或技术创新，有权就新的技术成果或技术创新予以实施或者使用，但在实施或者使用时利用了公司所拥有的且本人负有保密义务的商业机密时，应当征得公司的同意，并支付一定的使用费。

（4）未征得公司同意或者无证据证明有关技术内容为自行开发的新的技术成果或技术创新的，有关人员和用人单位应当承担相应的法律责任。

3.4.13 违纪处理。

（1）公司对违反本制度的员工，可视情节轻重，分别给予教育、经济处罚和纪律处分。情节特别严重的，公司将依法追究其刑事责任。对于泄露公司机密，尚未造成严重后果者，公司将给予警告处分，处以××元至××元的罚款。

（2）利用职权强制他人违反本制度者，公司将给予开除处理，并处以××元以上的罚款。

（3）泄露公司机密造成严重后果者，公司将给予开除处理，并处以××元以上的罚款，必要时依法追究其法律责任。

| 拟定 | | 审核 | | 审批 | |

二、员工保密承诺书签订规定

标准文件		员工保密承诺书签订规定	文件编号	
版次	A/0		页次	

1. 目的

为保障公司及公司客户的利益，确保所有员工了解"员工保密义务承诺书"的内容及签订承诺书，特制定本规定。

2. 适用范围

适用于本公司所有员工。

3. 管理规定

3.1 保密原则

3.1.1 所有员工均有机会获取对公司内部和外部有利或有价值的机密信息，因此，保证不泄露机密信息是十分重要的，这是公司开展业务的基本原则，每位员工都负有保护公司和客户信息的责任。

3.1.2 公司将保密性视为一个极为重要的问题，任何违反该原则的行为均将被视为违反公司规章制度，公司有正当理由辞退违反者。

3.1.3 任何员工违反保密原则的任何行为都将受到纪律处分，直至辞退处分，甚至可能因其违反适用的法律法规，而对其追究民事罚款和/或刑事处分。

3.2 保密义务承诺书的签署

3.2.1 所有员工须签署本承诺书，保证其未泄露或未不正当地使用保密信息。

3.2.2 承诺书须在员工正式任职于本公司前予以签署，以保证员工明白并确认其对保密义务的承诺。

3.2.3 对于有机会接触公司保密信息的非正式员工，包括但不限于分支机构员工、实习生、兼职人员等，均应签署本承诺书。

3.3 保密内容

3.3.1 客户信息及资料。

（1）公司规章制度及职业道德要求公司每位员工对公司和客户机密信息负有保密责任，员工承诺对机密信息将永不泄露、不予以不正当使用。

（2）所有员工不应有如下行为：

①与第三方讨论其他客户事务。

②向未被允许获得机密信息的职员泄露机密信息。

③在公共场合讨论保密的公司或客户事务信息。

④在社交活动中谈论有关客户事务。

⑤未经许可将重要资料带离公司。

⑥其他有违公司规章制度和职业道德的行为。

3.3.2 公司、供应商信息及材料。

（1）作为公司的职员都有机会拥有、获得或经手公司经营管理的信息和材料，包括公司、公司的供应商的机密/专有信息和材料。包括业务程序；营销计划、客户名录；价格；软件；硬件；知识产权，如专利、版权、商业机密、商标和服务商标；任何对公司所从事的行业尚未被广知或普遍获取的信息。

（2）禁止将任何保密和/或专有信息用于或泄露给公司之外的任一方，为了执行公司职能需要的除外。

3.3.3 员工报酬。

公司严格遵守所有有关报酬事务的机密性，员工的报酬是其与公司有关管理层之间商定之事。

3.3.4 公司产权。

（1）下列秘密属于公司产权：

① 公司的交易秘密，包括商品产、供、销渠道，客户名单，买卖意向，成交或商谈的价格，商品性能、质量、数量、交货日期。

② 公司的经营秘密，包括经营方针、投资决策意向、产品服务定价、市场分析、广告策略。

③ 公司的管理秘密，包括财务资料、人事资料、工资薪酬资料、物流资料。

④ 公司的技术秘密，包括产品设计、产品图纸、生产模具、作业蓝图、工程设计图、生产制造工艺、制造技术、计算机程序、技术数据、专利技术、科研成果。

（2）无论是员工职责以内，或是职责以外但由公司特别指定完成的所有公司产权范围内秘密的所有权和获利权完全属于公司所有。员工必须清楚地认识到公司享有对上述秘密通过任何方法、在任何场所以任何形式使用的权力，而不必向员工支付额外酬劳。公司要求员工在必要情况下需以上述行为为准则，完全地、行之有效地维护公司秘密的所有权及由此引出的获利权。

（3）员工在任职期间或离职后，不得破坏任何秘密的有效性和合法性。

3.4 离职限制

3.4.1 除非经过公司最高权限主管的书面同意，否则员工在离职（包括终止、解除劳动合同，退休）后的1年内（____职等以下）、2年内（____职等以上）必须遵守以下规定：

（1）不得直接或间接地与公司客户，或与公司有合作协议的公司或个人建立业务往来。

（2）不得要求或说服公司在职员工离开公司。

（3）不得妨碍为公司供应产品、资料或服务的供应商对公司继续供应。

（4）不得以任何形式从事公司同类产品的生产和经营，不得利用公司的商业秘密为他人与自己谋求利益，不得服务于与公司服务客户有直接竞争关系的客户，公司支付给员工的薪酬中已包含了员工遵守此项竞业限制的补偿。

3.5 与保密义务有关的行为规范

3.5.1 作为公司的员工，须承诺对所有有助于公司高效运行、开拓发展的人员（包括客户、职员及供应商）信息负有保密责任。

3.5.2 员工应对有关公司业务和客户的所有信息进行保密，保密信息不应作为获取个人利益之用。

3.5.3 员工须承诺不为个人或家庭的利益，而直接或间接地从事任何与公司有竞争性质的行为或与公司的责任相悖的行为。

3.5.4 员工须承诺将不因个人利益，接受供应商、潜在供应商或第三方的金钱和具有相当价值的货物和服务。

3.5.5 若有任何实际或潜在地与此规范产生冲突的行为，需及时向公司总经理汇报。

| 拟定 | | 审核 | | 审批 | |

三、文件、资料保密制度

标准文件		文件、资料保密制度	文件编号	
版次	A/0		页次	

1. 目的

为保守公司机密，维护公司权益，特制定本制度。

2. 适用范围

公司每个员工都有保守公司机密的义务。接触到公司商业机密的高级员工，例如管理人员、财务人员、销售人员、总经办等对保守公司机密负有特别的责任。

3. 管理规定

3.1 保密办法

3.1.1 密级的分类。公司机密的密级分为"绝密""机密""秘密""公开"四级。

（1）绝密级是指最重要的公司机密，泄露会使公司的权益和利益遭受特别严重的损害的，仅限于公司内部个别人员知悉。

（2）机密级是指重要的公司秘密，泄露会使公司权益和利益遭受到严重的损害的，仅限于文件处理过程中的相关人员知悉。

（3）秘密级是指一般的公司机密，泄露会使公司的权益和利益遭受损害的，仅限于公司内部员工知悉。

（4）公开级是指公司可对内、对外公开的，不会损害公司的权益和利益的各类文件资料。

3.1.2 密级的确定。

（1）公司经营发展中，直接影响公司权益和利益的重要决策文件为绝密级。

（2）公司的规划、财务报表、统计资料、重要会议记录、公司经营情况为机密级。

（3）公司人事档案、合同、协议、职员工资性收入、尚未公开的各类信息、公司规章制度、奖惩文件等为机密级。

（4）公司年报等各类信息为公开级。

3.1.3 公司保密范围。

（1）公司商业机密。

（2）公司重大决策中的机密事项。

（3）公司尚未付诸实施的经营战略、经营方向、经营规划、经营项目及经营决策。

（4）公司内部掌握的合同、协议、意见书及可行性报告、主要会议记录。

（5）公司所掌握的尚未公开的各类信息。

（6）公司工资薪酬福利待遇。

（7）其他经公司确定应当保密的事项。

3.1.4 各部门保密范围。

各部门保密范围

序号	部门	保密范围
1	行政部	（1）公司未公布的人事调动、人事任免，机密文件 （2）公司机构的设置、编制、人员档案等，机密文件 （3）公司各级员工的个人薪金收入情况，机密文件 （4）费用支出登记表，机密文件 （5）材料报销单，机密文件 （6）各类合同，机密文件 （7）部门保管或经手的其他机密文件
2	财务部	（1）公司财政预算、决策报告、财务报表、统计资料、财务分析报告、审计资料、银行账号，机密文件 （2）投标预算文件，机密文件 （3）工程标后预算，机密文件 （4）各类合同，机密文件 （5）账本、凭证，机密文件 （6）部门保管或经手的其他机密文件
3	业务部	（1）公司客户的资料，机密文件 （2）公司销售合同及请款单，机密文件 （3）部门保管或经手的其他机密文件
4	工程部	（1）标后预算，机密文件 （2）各类合同，机密文件 （3）报料单、收料单，机密文件 （4）部门保管或经手的其他机密文件
5	品管部	（1）项目检查记录，机密文件 （2）分段验收记录，机密文件 （3）部门保管或经手的其他机密文件
6	采购部	（1）供货商报价单，机密文件 （2）与供应商的合同（采购单），机密文件 （3）项目配置方案，机密文件

续表

序号	部门	保密范围
6	采购部	（4）供应商产品资料，机密文件 （5）部门保管或经手的其他机密文件
7	设计部	（1）工程图纸、效果图等，机密文件 （2）部门经手或保管的其他机密文件
8	战略发展部	（1）标书、组织施工方案，机密文件 （2）通知、制度，机密文件 （3）部门经手或保管的其他机密文件
9	物控部	（1）物料入库（出库）单，机密文件 （2）物料台账，机密文件 （3）部门经手或保管的其他机密文件
10	客服部	（1）客户验收单，机密文件 （2）安装图纸，机密文件 （3）部门经手或保管的其他机密文件

3.1.5 保密期限。

保密期限分为 8 年、5 年、1 年，一般与密级相对应，特殊情况另外标明。保密期限届满，除要求继续保密事项外，可自行销毁。

3.1.6 文件保密措施。

（1）公司的密级文本文件、资料和其他物品由各部门经理指定专人保管，公司的各类电子版密级文件由各部门经理或指定人员保管，并对文件采取加密措施，以防止泄露。

（2）在对外交往与合作中需要提供公司机密事项的，应当事先报经总经理批准。

（3）不准在私人交往和通信中泄露公司机密，不准在公共场所谈论公司机密，不准通过其他方式传递公司机密。

（4）公司工作人员发现公司机密已经泄露或者可能泄露时，应当立即采取补救措施并及时报告总经办，总经办接到报告，应立即作出处理。

（5）总经办文员对各部门保密文件及保密措施进行定期检查，检查时间为 3 个月 1 次。

3.1.7 文件复印、领用、查阅权限。

（1）除总经理以外人员不得翻阅绝密文件，更不得留存绝密文件和电子文件，以防止泄露。

（2）部门经理级人员可以查阅、复印、领用本部门机密文件，跨部门查阅、复印、领用机密文件须经该部门经理同意。

（3）部门经理级以下人员查阅、复印、领用本部门机密文件须本部门经理同意，部门经理级以下人员跨部门查阅、复印、领用机密文件，须经本部门经理批准，并经文件保管部门经理同意。

（4）公司员工及客户可以查阅、领用公司公开的文件资料。

3.2 员工泄密处理

3.2.1 出现下列情况之一者，给予警告，并扣发工资××元以上××元以下：

（1）泄露公司机密，尚未造成严重后果或经济损失的。

（2）已经泄露公司机密但采取补救措施的。

3.2.2 出现下列情况之一的，予以辞退并酌情赔偿经济损失：

（1）故意或过失泄露公司机密，造成严重后果或重大经济损失的。

（2）违反本保密制度规定，为他人窃取、刺探、收买或违章提供公司机密的。

（3）利用职权强制他人违反保密规定的。

3.3 权利与义务

3.3.1 公司为员工提供正常的工作条件和业务拓展的空间，努力创造有利于员工发展的机会。

3.3.2 员工严格遵守本公司保密制度，防止泄露公司机密，员工未经批准，不准复印、摘抄、随意或恶意拿走公司的机密文件和电脑软、硬件等。

3.3.3 员工未经批准、不得向他人泄露公司机密、信息。

3.3.4 非经公司书面同意，不得利用公司机密进行生产与经营活动。

3.3.5 员工应妥善谨慎保管和处理公司及客户的机密信息资料及固定资产，如有遗失应立即报告并采取补救措施挽回损失。

3.4 注意事项

3.4.1 部门发出的各项文件，必须在文件右上角上加注保密等级标志，针对不便加注保密等级标志的文件须于总经办登记盖章后发出。

3.4.2 保密文件必须由相应权限的管理者及时地亲自处理，不得代办、留存。

3.4.3 公司员工应养成良好的保密习惯，做到不是自己应知道的事不问，对别人不应知道的事不说。

| 拟定 | | 审核 | | 审批 | |

四、计算机信息安全管理规定

标准文件		计算机信息安全管理规定	文件编号	
版次	A/0		页次	

1. 目的

为加强计算机安全保密工作的管理，特制定本规定。

2. 适用范围

适用于公司内计算机的安全保密管理。

3. 管理职责

3.1 计算机维护专员负责硬件及软件的统一管理和安全运行，以及服务器上数据资料、信息资料的保密。

3.2 各部门负责本部门数据信息、资料的保密。

3.3 计算机操作人员负责本人使用的计算机的开机口令、网络口令及用户口令的保密。

4. 管理规定

4.1 计算机网络不利于安全保密的因素

4.1.1 计算机网络的工作人员容易泄露计算机信息、网络数据、资料。

4.1.2 计算机网络数据、信息、资料容易被复印和删改。

4.1.3 计算机系统容易被破坏，其软件可能被外来病毒或黑客侵入。

4.1.4 联网的计算机内的秘密被窃取后难以发现。

4.2 安全管理范围

4.2.1 计算机硬件和外部设备。

4.2.2 计算机软件（系统、工具、应用软件和网络服务器、各单机内的各种数据）。

4.3 保密管理范围

4.3.1 进入计算机内的各种数据、资料、文件、图纸等。

4.3.2 经计算机处理后输出的各种数据、报表、文件、图纸等。

4.3.3 自力开发、协作开发、委托开发或引进、购买的各种软件程序及其资料、源代码等。

4.3.4 计算机开机口令、网络口令及用户口令。

4.4 操作安全

4.4.1 接受计算机安全培训和计算机操作培训，未接受培训者需在计算机人员的指导下使用计算机。

4.4.2 无关人员及外单位人员未经批准，不得操作计算机。

4.4.3 严格遵守计算机操作规程，爱护计算机及相关的设备设施，个人不得私自拆卸和连接各种硬件设备。

4.4.4 公司员工因故离开本公司，交接完毕后应及时注销该员工的所有用户信息。

4.5 数据安全

4.5.1 新购置的软件（除设备自带的软件外）必须备案登记。

4.5.2 计算机操作人员负责对本机硬盘中的重要数据、资料、文件等及时做好备份工作。

4.5.3 不得超越自己的权限范围，修改他人或服务器内的公用数据。

4.6 病毒检测

4.6.1 安装杀毒软件，并不断升级。

4.6.2 各计算机操作人员负责查杀所使用的计算机上的病毒。

4.6.3 凡购买、拷贝或通过其他途径获得的软件，在计算机系统内首次使用前，均须进行例行病毒检测，对查明染有病毒的软件，应及时地采取清除和防止扩散等措施，不得私自安装。

4.6.4 未经许可，不得在计算机系统上使用从外面带入的 U 盘和移动硬盘等。

4.6.5 发现异常病毒应及时报告，同时做好记录，配合追查病毒的来源。

4.7 防止计算机泄密的措施

4.7.1 加强对计算机管理人员、操作人员以及能接触计算机的人员的保密教育，增强保密观念，采取分工负责制，防止因一人的疏忽而影响整个系统的安全。

4.7.2 对输入计算机的各种数据、资料和输出的各种报表、图纸等，操作人员应及时地处理和妥善保管。

4.7.3 计算机软件或数据应根据其密级划分相应的等级，由专人负责进行严格的管理，重要的须做好备份及时地移交档案室保管。

4.7.4 对含有密级信息的记录介质（如 U 盘、移动硬盘等）要由专人负责保管，对其使用、借阅、复印、携带、移交、保存、销毁等过程均应严格管理。

拟定		审核		审批	

第三节 保密管理表格

一、员工保密承诺书

员工保密承诺书

我入职公司，从事××岗位职务。本人确认并同意，承诺担负如下岗位保密责任，履行相关保密义务：

1. 我明白，公司一切未经公开的业务信息、财务资料、人事信息、合同文件、客户资料、调研和统计信息、技术文件（含设计方案等）、企划营销方案、管理文件、会议内容等，均属企业机密，我有保守该机密的责任。

无论我在任职期间或在离职之后，都不能将任何机密信息透露给公司以外的任何组织或个人，或者在没有得到公司书面允许的情况下将机密信息用于任何未经授权的目的。

当不确定某些具体内容是否为公司机密时，我承诺请示公司主管该事项的高层经理人员鉴定其性质。

2. 公司的一切书面和电子教材、培训资料等，公司均拥有知识产权，我在未经授权许可的情况下，不能对外传播。

3. 我因职务取得的商业和技术信息、发明创造和研究成果等，权益归公司所有。

4. 任何公司财产，包括配备给我使用的办公桌、保险柜、橱柜，乃至储存在公司设备内的电子资料（无论是谁创建的），都属于并且只属于公司，我不具有所有权及隐私权，如遇情况需要，公司有权进行检查和调配。

5. 我在公司的任职期间，以上所列机密材料都只能由本人在公司授权的职责范围内使用，在以下两种情况中，只要有一种情况发生，我都将把所有属于我保管或处理范围的机密材料的原件及其副本立即交付给公司：

（1）在任何时候，公司提出此要求。

（2）我离职时。

在交付上述机密材料后，我不保留任何这些机密材料的原件和副本。

6. 我明白，员工薪酬属于个人隐私，我不能公开或私下询问、议论。我如果掌握了此类信息，承诺不会以任何方式泄露。

7. 我若收到外部邀请进行演讲、交流或授课，我承诺事先要征得上司批准，并就可能涉及的有关公司业务的重要内容征求上司意见。

8. 我承诺对本人的各项工作进行密码保密，不对外提供和泄露。不盗用他人密码。

9. 本承诺书中任何一条规定的无法执行性不影响承诺书其他规定的有效性和可执行性。

10. 我同意，在签署本承诺书后，本承诺书不因我今后在公司的岗位、职责或报酬的任何改变而改变。公司有经济处罚和诉讼权。

我已经读过，并且已理解和同意遵守本承诺书所有条款，如本人违背承诺，愿意接受经济处罚和行政处罚，并承担相应的法律责任。

承诺人签字：
日期：

二、保密协议（适用于外协单位）

保密协议（适用于外协单位）

甲方：_____
乙方：_____
签订地点：_____
签订日期：

为加强信息技术资料和数据的保密管理，双方根据国家有关法律、法规，本着平等、自愿、协商一致、诚实信用的原则，就乙方为甲方提供软件修改完善、数据处理和技术支持服务（下称项目）等工作中的保密事宜达成如下协议。

一、保密信息
1. 在项目中所涉及的项目设计、图片、开发工具、流程图、工程设计图、计算机程序、数据、专利技术、招标文件等内容。
2. 甲方在合同项目实施中为乙方及乙方工作人员提供的必要的数据、程序、用户名、口令和资料等。
3. 甲方应用软件在方案调研、开发阶段中涉及的业务及技术文档，包括政策、方案设计细节、程序文件、数据结构，以及相关业务系统的硬软件、文档，测试和测试产生的数据等。
4. 其他甲方合理认为并告知乙方属于保密的内容。

二、保密范围
1. 甲方已有的技术秘密。
2. 乙方持有的科研成果和技术秘密，经双方协商，乙方同意被甲方使用的。

三、保密条款
1. 乙方应严格保守甲方的有关保密信息，不得以其他任何手段牟取私利，损害甲方的利益。
2. 未经甲方书面许可，乙方不得以任何名义向有关单位或个人泄露甲方保密信息。
3. 未经甲方书面许可，甲方的技术资料、技术成果，乙方无权利用在其他项目上。
4. 未经甲方书面许可，乙方不得对有关保密信息进行修改、补充、复制。
5. 未经甲方书面许可，乙方不得将保密信息以任何方式携带出甲方场所。

四、保密信息的所有权
以上所提及的保密信息均为甲方所有。

五、保密期限
本协议的保密期限为5年。
1. 在本协议失效后，如果本协议中包括的某些保密信息并未失去保密性的，本协议仍对这些未失去保密性的信息发生效力，约束双方的行为。
2. 本协议是为防止甲方的保密信息在协议有效期发生泄露而制定。因任何理由而导致甲、乙双方的合作项目终止时，乙方应归还甲方所有有关信息资料和文件，但并不免除乙方的保密义务。

六、关系限制
本协议不作为双方建立任何合作关系或其他业务关系的依据。

七、违约责任
如乙方未遵守本协议的约定泄露或使用了保密信息，甲方有权终止双方的合作项目，乙方应按合作项目金额作为违约金支付给甲方，并按照有管辖权的人民法院认定的赔偿金额赔偿甲方遭到的其他损失，甲方有权进一步追究其一切相关法律责任。

八、其他事项
1. 本协议一式二份，由甲、乙双方各执一份，各份协议具有同等法律效力。
2. 本协议未尽事宜，由甲乙双方协商解决。
3. 本协议自甲、乙双方签字之日起生效。

甲方（签章）：　　　　　　　　　　日期：
乙方（签章）：　　　　　　　　　　日期：

三、保密承诺书（适用于外协单位个人）

保密承诺书（适用于外协单位个人）

_____（客户单位）：
　　我了解有关保密法规制度，知悉应当承担的保密义务和法律责任。本人庄重承诺：
　　一、认真遵守国家保密法律、法规和规章制度，履行保密义务。
　　二、认真遵守本人工作单位与_____签订的保密协议。
　　三、认真遵守_____其他各项安全保密的相关规定。
　　四、对参与的信息化项目和服务所涉及技术资料和数据信息履行保密义务，未经_____许可，不得擅自发表或使用。
　　五、离岗时，对仍具有保密性的技术资料和数据信息履行保密义务。

　　承诺人（签字）：
　　承诺人身份证号码：
　　┈┈
　　担保单位声明：
　　我单位工作人员_____由我单位委派到_____承担技术工作。我单位负责对该人员履行本保密承诺书进行监督管理，该人员如有违反，我单位将按照_____与我单位签订的《保密协议》承担相应的违约责任。

　　担保单位（盖章）：
　　　　　　　　　　　　　　　　　　　　　　　　　　　　　　　　　　　日期：

四、员工离职保密承诺书

员工离职保密承诺书

　　本人于____年__月__日入职_____，在_____部门从事_____岗位。现本人于____年__月__日离职，自离职之后，本人确认并同意，承诺担负如下保密责任，履行相关保密义务：
　　1. 公司一切未经公开的业务信息、财务资料、人事信息、合同文件、客户资料、调研和统计信息、技术文件（含设计方案等）、企划营销方案、管理文件、会议内容等，均属企业秘密，本人在离职之后，不能将任何机密信息透露给公司以外的任何组织或个人，或者在没有得到公司书面允许的情况下将机密信息用于任何未经授权的目的。
　　2. 本人在职期间因职务取得的商业和技术信息、发明创造和研究成果等，权益归公司所有，本人离职之后，所有因职务接触过的信息、发明创造、成果都不能为己所用，更不能以任何形式对外传播。
　　3. 公司一切书面和电子类的图纸、文件、培训资料等，公司均拥有知识产权，本人在未经授权许可的情况下，不能对外传播。
　　4. 任何公司财产，包括配备给本人使用的办公桌、保险柜、橱柜，乃至储存在公司设备内的电子资料，都属于并且只属于公司，本人不具有所有权及隐私权，离职之后，所有资料及资料的载体都应自觉归还。本人不保留任何资料的原件和副本。
　　5. 本人对于接触过的资料（无论是文本、电子类）在离职之后仍负有保密义务。本人一旦存在发生泄密行为，给公司带来直接或是间接的经济损失，公司对本人保有经济处罚和诉讼权。
　　本人已经读过，并且已理解和同意遵守上述所有条款，如本人违背承诺，愿意接受经济处罚和行政处罚，并承担相应的法律责任。

续表

承诺人签字：_____
日期：_____
附表：
本人由于工作岗位关系，研发、制作、参与、接触过下列项目及其他资料，材料清单如下：
1. _____
2. _____
3. _____
4. _____
5. _____
6. _____
7. _____
8. _____
9. _____

本人对上述材料负有保密义务，本人在离职之后，不会将任何机密信息透露给公司以外的任何组织或个人，或者在没有得到公司书面允许的情况下将机密信息用于任何未经授权的目的。
本人签名：_____　　　日期：_____

五、保密承诺书签订情况汇总表

保密承诺书签订情况汇总表

单位名称（盖章）：

总人数	应签人数	实签人数	在岗人员		离岗人员	签订日期	知悉率	归档率	发放宣传资料（份）
			管理层	基层					

填表人：　　　　　　　　　　　　　　　填表日期：____年___月___日

六、机要文档外送申请表

机要文档外送申请表

申请人		工号		三级部门	
申请事项					
发送原因					

续表

是否与对方签订保密协议等类似文件：□是　□否			
注：如签订有保密协议等类似文件，则请写出文件名称并将此文件的复印件附于后面			
文件名称：			
发送形式	□纸件　□电子件		
发送人		账号（若是使用E-mail则填写此项）	
接收人		账号（若是使用E-mail则填写此项）	
产品经理审核		日期	
部门最高机要人员审核		日期	
备注			

ure
第五章

会 务 管 理

第一节　会务管理要领

一、会前准备管理

对于企业管理来说，会务管理是一项常见的管理项目。但开好会首先必须做好会前的准备，其管理内容包括以下几个方面。

1. 安排会议议题

会议议题就是会议要解决的问题。会议议题一定要由管理者确定。行政部应做的工作是根据管理者的指示，收集议题，并根据轻重缓急排出顺序，提出建议以供管理者决断。

2. 确定会议步骤

安排议题后，还要确定议程、程序、日程，也即会议步骤。

3. 拟订与会人员的范围或名单

哪些人参加会议，须根据管理者的意图和会议的性质、任务、内容拟订。

4. 签发会议通知

（1）签发方式。

签发会议通知可以采用书面、电话、电子邮件、微信群或网站公告等方式。

（2）通知的内容。

通知的内容包括会议名称、会议目的和主要内容、会期、地点、与会人员、报到日期和地点、携带的材料和个人支付的费用、主办单位、联系人姓名和电话等。

（3）编号要求。

重要的、大型的会议通知要编号，一般的会议通知不编号。

5. 准备会议文件和材料

会议文件、材料是指与会领导的讲话稿或工作报告、典型经验、会议须知、日程表、编组名单等。

6. 选择和布置会场

开会要借助于一定的场所。会场诸方面条件的好坏、舒适程度的高低，对与会人员的心理起着不可忽视的作用，而与会者的心理状态将直接影响到会议效果，因此，要重视会场的选择和布置。

7. 主席台座次

主席台座次以主席台人员的职务（或社会地位、声望）高低排列。最高的排在主席台第一排的正中间，其余按高低顺序，以正中间座位为中心点，面向会场，依左为上、右为下的原则排列。若有多排座位，则其他各排的排位可灵活掌握。座位上要摆置名片。座次须报领导审定。

8. 妥善安排后勤服务事宜

后勤服务包括会议的物资、资金准备，与会人员的住宿、膳食以及交通、医疗等工作安排。

（1）要制订住房分配方案，对不同级别的与会人员，要分配不同的住房。
（2）对年老和体弱的人员，要适当给予照顾。
（3）饭菜要可口、实惠，让与会者吃得满意。

二、会中会后管理

在会议召开过程及会后，还必须要做好以下的各项服务工作。

1. 搞好签到工作

为准确地了解与会人员的出席情况，接待人员在会议开始时要做好入场签到工作。当与会者全部进入会场后，要迅速统计出席、列席和缺席人数，报告大会主持人。

2. 控制会议进程

行政部对会议中的动态都要做到心中有数，并及时地向会议领导报告。
（1）若会议依据某种错误的或片面的情况作出不正确的决定时，在征得会议主持人同意后，应向与会者如实反映真实情况。
（2）当会议作出的决定与企业有关的政策或制度相抵触时，应主动介绍有关政策或制度，提请与会者注意。

3. 编写会议记录与会议简报

会议记录是会议内容和过程的真实凭证。在各种会议上做好记录是行政部人员最重要的工作之一。

4. 会议保密

内部会议，一般都要做好保密工作。会议越重要，保密工作也越重要。会议保密工作主要是为了保障会议顺利进行，防止给以后的工作带来麻烦。

5. 会场服务

会场是参会人员最主要的活动场所。会场服务包括布置会场和会议的现场服务两部分工作。这里的会场服务主要是指会议的现场服务。

6. 会议文件的收退

会议文件的收退也称会议文件的清退。通常指重要会议（机密程度较高的会议）的与会人员，在会议结束时，根据规定须将会上所发的文件清理并退回会议秘书处。

7. 会议文件的立卷归档

会议文件的立卷归档，是指会议结束后依据会议文件的内在联系将其加以整理，归入档案。会议文件的立卷归档是会议结束后的一项重要工作。

8. 打印会议记录

要趁着会议内容在头脑中仍然清晰时打印会议记录。打印前要送会议主持人审查，审查通过后要精心编排，打印时必须准确。

第二节　会务管理制度

一、公司会议管理制度

标准文件		公司会议管理制度	文件编号	
版次	A/0		页次	

1. 目的

为使公司的会议管理规范化和有序化，提高会议的质量和效率，降低会议成本，切实跟踪落实会议提出的各项工作任务与工作要求的完成情况，从而保证会议的有效性，特制定本制度。

2. 适用范围

本制度适用于公司各项会议管理。

3. 管理规定

3.1 会议形式

3.1.1 公司的会议形式包括定期的常规性会议和临时性会议。其中，定期的常规性会议主要包括以下几种形式。

（1）公司周年庆典表彰大会。

（2）公司高管工作例会。

（3）公司年终工作述职工作总结会议。

（4）公司年中工作述职工作总结会议。

（5）公司、业务部门、办事处周例会／月度会议。

3.1.2 临时性会议的主持部门以事件主导部门为主召开，具体会议参加人、会议时间及会议内容应提前一个工作日以通知形式告知相关参会人员。

3.2 会议流程

3.2.1 会议安排的原则。

（1）坚持局部服从整体的原则，公司会议优先于部门会议，紧急会议优先于一般会议。

（2）各类会议优先顺序为：例会、临时性行政／业务会议、部门内部会议。

（3）因处置突发事件而召集的紧急会议不受此限。

3.2.2 会议通知

（1）常规性会议除时间临时调整外，不再另行通知，由主持部门直接通知参会人。

（2）临时性会议按"谁提议，谁通知"的原则进行会议通知。

（3）会议通知期：须于开会前一个工作日内通知参会人及会务服务提供部门。

（4）会议通知的渠道。

① 公司内部工作群、微信群、企业邮箱：适用于常规性会议通知（含常规性会议临时调整时间的情况）、临时性会议通知。

② 公告栏：适用于临时性会议通知。

③ 电话通知：适用于临时性会议公告后，由主持部门电话通知参会人。

④ OA系统中行政办公的"公告通知"模块发布：适用于所有会议类型，用于会议通知存档，备查。

（5）会议通知的内容：会议时间、会议地点、会议主持部门、参会人员、会议主题、会议须准备的资料明细、参会注意事项及其他。

3.2.3 会议准备

（1）会议主持部门的助理或部门指定执行人应提前做好会议准备工作，如落实会场，布置会场，备好座位及会议所需的各种设施、用品等。

（2）对于需要给参会人员发放会议资料的，会议主持部门应根据参会人数提前印制会议资料。

（3）会议主持部门应提前打印会议签到表，并由会议记录员监督参会人员签到情况，会议签到表须在会议结束后由会议主持人签字确认。

（4）为了合理地分配会议室资源，有效贯彻会议室安排原则的要求，会议主持部门须提前至少一个工作日在 OA 系统的"综合办公"栏目中填写会议申请流程表单；因处置突发事件而召集的紧急会议不受此限，但会议组织部门或个人必须提前向公司行政前台备案。

3.2.4 会议组织。

（1）会议组织遵照"谁提议，谁组织"的原则。会议主持人必须遵守以下规定：

① 主持人应在会前 15 分钟到达会场，检查会务落实情况，做好会前准备。

② 主持人一般应于会议开始后，将会议的议题、议程、须解决问题及达成目标、议程推进中应注意的问题等进行必要的说明，并说明各项议程大概的会议时间限制，以提高会议的效率。

③ 会议进行中，主持人应根据会议实际情况，对议程进行适时、必要的控制，并有权限定发言时间和中止与议题无关的发言，以确保议程顺利推进及会议效率。

④ 对于讨论、决策性议题的会议，主持人应引导会议做出结论。对须集体议决的事项应加以归纳和复述，适时提交参会人表明意见；对未议决事项亦应加以归纳并引导会议就其后续安排统一意见。

⑤ 主持人应将会议决议事项付诸实施的程序、实施人（部门）、达成标准和时间等会后跟进安排向参会人予以明确，并落实具体的会议跟踪负责人。

（2）参会人必须遵守以下规定：

① 应于会前 10 分钟到达会场，并在会议签到表上签到。

② 会议发言应言简意赅，紧扣议题。

③ 遵循会议主持人对议程控制的要求。

④ 对于工作部署性质的会议，原则上不在会上进行讨论性发言。

⑤ 遵守会议纪律，与会期间应将手机调至静音，原则上会议期间不允许接听电话，如须接听，请离开会场。

⑥ 原则上参会人员不得请假；如确需请假的，须向会议主持部门负责人及分管副总、必要情况下还要向总经理说明情况并征得同意后，方可请假。

⑦ 无故未按时参加会议的，将给予当事人 ×× 元 / 次的处罚，并备案。

⑧ 参会人员应做好本人的会议记录。

（3）会议主持人为会议考勤的核准人，考勤记录由会议记录员负责。

3.2.5 会议记录。

（1）各类会议均应以专用记录本进行会议记录。

（2）会议进行期间，重要会议须用录音笔进行录音，并于会议结束后两个工作日内由会议记录员将会议录音提交至公司存档。

（3）各类会议原则上应确定专人负责记录。

① 各部门应常设一名会议记录员（一般为本部门的助理或行政文员），会议记录员名单须报行政部备案；如需调整会议记录员的，调整部门须及时通知行政部。

② 公司根据名单配发会议记录本。会议记录本用完后由记录员凭旧本至行政部换领新本，旧本同时在本部门存档。会议记录本的领取登记按低值易耗品的领取程序办理。

③ 会议记录员负责本部门会议及本部门负责组织的会议的记录工作。

④ 会议记录遵照"谁组织，谁记录"的原则，如有必要，会议主持人可根据本原则及考虑会议议题所涉及业务的需要，临时指定会议记录员。

⑤ 公司管理层主持的例会、临时行政会议原则上由总经理助理／秘书负责会议记录工作，公司管理层另有指定的除外。

⑥ 会议记录员应遵守以下规定：在会议记录本上做好会议的原始记录及会议考勤记录，并于会议结束后1个工作日内整理好会议纪要，由会议主持人审批通过后下发至参会人员；会议记录应尽量采用实录风格，确保记录的原始性，会议主持人须在每次的会议记录上签字确认；对会议已议决事项，应在原始记录中用括号注明"议决"字样；做好会议原始记录的日常归档、保管工作。

（4）会议记录备档的相关规定。

① 本部门负责组织的各类会议的会议记录，由本部门常设会议记录员负责日常归档、保管，但用完后的记录本应作为机要档案及时转公司统一归档备查。

② 本部门会议记录由本部门常设会议记录员统一归档备查，部门内其他人员需查阅会议记录的，须经部门负责人同意，并在查阅内容所在页的页眉处签字。

③ 部门其他人员查阅会议记录时，会议记录员须在场；除经部门负责人及分管副总同意外，会议记录本不得外借给其他部门或部门内其他人员。对于会议记录的外借情况，记录员应如实在会议记录中写明外借时间、外借原因及外借人，并由外借人签字确认。

④ 会议记录为机要档案，保管人员不得擅自外泄。

3.2.6 会议纪要。

（1）会议记录员须将会议记录整理为会议纪要的几种情况。

① 除部分部门"站会"外的常规性会议。

② 各类临时行政／业务类会议。

③ 各类紧急性会议。

④ 与经营管理相关的会议。

⑤ 须会后对会议内容贯彻落实进行跟进的会议。

⑥ 其他会议主持人要求整理会议纪要的会议。

（2）会议纪要主要是为了方便相关信息的查询和后续工作的追踪、落实，因此，会议纪要需对会议内容进行概括、总结，分类别或分项目地如实记录。

（3）会议纪要中包含但不仅限于如下内容：

① 会议的主要内容及议题。

② 会议讨论或决定的重大事项。

③ 会议决定的行动计划或改进措施。

（4）会议纪要的整理和发送应在1个工作日内完成，下发或传阅范围由会议主持人确定，通过OA协同发送给所有会议相关人员及对接人事专员。

（5）各类会议纪要均须有落地执行计划输出。

① 宣贯类会议：宣贯后的改进落实计划。

② 专题类会议：针对问题如何解决列出相关人员的工作安排和计划。

③ 工作汇报类会议：针对部门问题或个人工作问题的进展安排、改善提升列出相应的计划安排。

（6）对会议纪要输出的工作计划须进行跟进落实，跟踪记录汇总实行一会一表制。

3.3 会议纪要的跟踪落实

3.3.1 落实计划跟踪。

各部门对接人事专员对会议纪要输出的落地计划，要按照计划时间节点进行跟进，并于每月底输出该部门的会议落地执行情况的进展汇报，上交到分管副总处。

3.3.2 落地结果考核。

行政部应对会议落地计划的执行进展情况会进行相应考核，以每月为一个考核节点。

（1）按时间节点完成工作安排和进展，相关人员绩效成绩加5分。

（2）工作事项均能按期完成，部门年度考核中予以特殊情况加分。

（3）一项工作延期完成，相关人员绩效成绩扣5分。

（4）工作在延期1个月后仍未完成，部门负责人绩效成绩扣10分。

（5）部门会议纪要工作超过3项在延期一个月后仍未完成，部门年度考核中取消评优资格。

3.3.3 奖惩办法。

（1）惩罚。

① 未整理会议纪要一次，对会议发起组织人予以警告；未整理会议纪要2次及以上，对发起人所属部门负责人予以警告。

② 会议发起人超过一个工作日未将会议纪要发放给相关人员，予以警告处分。

③ 会议纪要工作计划安排人员一次未按照会议结果执行落地，处以相关人员警告处分；两次及以上未执行，则对相关人员及部门负责人处以通报批评及罚款的处分。

（2）奖励。

① 会议纪要每月按时整理、发放，对会议发起人及其负责人进行通报表扬。

② 会议落地执行连续3次均能按照时间节点完成，对于参与工作计划落实的相关人员予以通报表扬，并奖励所属部门××元。

（3）人力资源部每月对以上的奖惩情况以 OA 公告的形式予以公示。

3.3.4 会议纪要的汇总统计。

（1）工作任务完成情况的统计：如工作完成时长、工作完成结果程度、是否有后续待完成的工作内容等，尽量以柱状图、饼图等形式体现。

（2）工作时间的统计：根据各岗位不同的工作内容，计算各工作内容的完成工作日。

（3）工作任务计划合理性的统计：将计划内工作与计划外工作进行横向比对分析，确认各岗位计划内与计划外工作的比例，从而确定各岗位的灵活机动性。

（4）每周工作量的统计：根据工作量完成天数确定每周工作量的完成情况，以完成天数的多少为标准来确定每周工作量排名，并根据各周工作量的综合排名，确定每月实际的工作重点与计划的重点是否一致等情况。

（5）每月工作重点的统计：根据每周工作量完成的多少来确定每月的工作完成重点，并根据此统计确认比较每月工作重点与工作量之间是否存在必然联系。

3.3.5 会议纪要跟踪落实的审核程序。

（1）由会议主持人填写"部门会议纪要工作任务跟踪落实情况"并报部门主管、分管副总或总经理审核。

（2）于下次会议前一个工作日内就会议纪要工作任务跟踪落实情况进行汇总统计。

（3）对于未落实的会议工作内容，须在与执行人沟通后，明确未完成的原因，将其原因填入跟踪落实情况表并提交部门主管、分管副总或总经理审批。

（4）如会议主持人未如期完成落实跟踪的，第一次给予口头批评，并了解未完成的原因，根据会议主持人提出的问题进行针对性培训；第二次未如期完成落实跟踪的，将不允许其担当会议主持人工作；超过3次（含）未如期完成落实跟踪的，将保留与其解除劳动合同的权利。

3.4 会议室管理规定

3.4.1 会议室由行政部统一管理。

3.4.2 会议室使用时间。原则上只要使用部门在 OA 系统填写会议室申请流程，经行政前台审批后，均可在约定时间内进行使用，如有变动，可在第一时间向行政部备案调整。

3.4.3 会议室申请与登记。

（1）除临时短暂性会议/面谈不用申请与登记外，其他会议都须填写 OA 系统会议室申请流程，并注明是否需要使用会议设备、是否需要连接电话会议、视频。

① 会议设备：投影仪、扩音器、视频设备。

② 电话会议：一般在没有网络或网络连接状态不好的时候，建议开电话会议，并要严格控制电话会议时间。

③ 视频会议：会议双方都有网络的情况下，建议开视频会议。

（2）会议主持部门须提前一个工作日在 OA 系统中填写会议室管理申请流程。

（3）行政前台须根据会议室安排原则，帮助申请人合理安排会议室；如申请人对会议室安排有异议且行政前台无法解决的，提交行政部主管协调解决。

（4）对于未提前对会议室进行申请的，行政部将无法为其安排临时会议地点。由此造成的后果，由会议主持部门自行承担。

（5）对于临时召开的紧急会议需要使用会议室的，会议主持部门必须提前与行政前台进行沟通确认，待确认会议室没有被预约后方可按"特情特办"的原则由行政部统一安排，但申请部门不得对会议室的地点提出异议。

3.4.4 布置会场及会议期间参会人员须爱护会议室内财物，如有损毁将由当事人照价赔偿；对于无法确定当事人的，将由参会全体人员照价均摊赔偿。

3.4.5 参会人员须提前 15 分钟进入会场进行签到并等候，工作时间禁止参会人员在办公及休闲区域内等候，以免影响正常办公秩序。

3.4.6 会议室使用部门须维持会议室的整洁，使用完毕后须将移动的桌椅及时放回原位，以方便其他部门使用。

3.4.7 会议室使用部门及参会人员须确认座位周边及会议室内的电源及电器设备是否关闭，如发现设备故障的应及时报行政部备案，以便及时修理，保证其他会议的顺利进行。

3.4.8 会议室内物品未经行政部批准，不得私自转借他人或挪作他用，严禁在会议室打牌、嬉戏打闹、聚会等。

拟定		审核		审批	

二、公司会议费用管理办法

标准文件		公司会议费用管理办法	文件编号	
版次	A/0		页次	

1. 目的

为规范公司会议费用管理，统一会议费用开支标准，厉行勤俭节约，严格控制成本，在总结公司会议管理制度执行情况的基础上，结合公司实际情况，特制定本办法。

2. 适用范围

适用于会议费用的管理。本办法所指会议费，是指公司各部门、所属各单位、各直管项目部因召开和参加会议所发生的费用支出，包括会议期间的食宿费、会场租赁费、会场布置费、设备租赁费、文件资料印刷费等。

3. 职责分工

3.1 总经理办公室（公司会议费用的归口管理部门）的主要职责

3.1.1 建立健全公司会议费用的管理制度和标准。

3.1.2 组织研究、完善、监督、执行会议费用的审批和报销程序。

3.1.3 组织定期盘点、分析、通报会议费用的使用情况。

3.2 公司各部门、各直管项目部（公司会议费的使用部门）的主要职责

3.2.1 严格执行本办法有关规定，结合实际细化会议费用的管控措施。

3.2.2 编制、上报、执行会议费用年度计划。

3.2.3 定期汇总、分析会议费用的使用情况。

3.2.4 对公司会议费用的管控提出合理化建议。

4. 管理规定

4.1 会议费用的管理标准与要求

4.1.1 依据公司下达的会议费用标准，公司对会议费用实行总额控制。

4.1.2 公司内部会议分类及会议组织参照会议管理制度进行。

4.1.3 精简会议数量，控制会议规模。内部会议场所能满足会议要求的，不在外部租赁会议场所；可以合并召开的专业会议，要合并召开；充分利用现代化手段召开电视电话会议和视频网络会议，减少和避免参会人员往来奔波以及由此发生的费用支出。

4.1.4 在公司内部会议场所召开的各类会议，遵照公司会议管理制度有关规定执行；使用公司本部会议室的，由会议组织部门（或单位、直管项目部）在 OA 系统中履行申请程序。

4.1.5 公司本部各部门拟在外部场所租用会场召开会议，须于每年 1 月底前填写"外部场所会议计划表"，经部门分管领导审核后，提交总经理办公室汇总，形成公司本部外部场所年度会议计划，报主管副总经理审批。

4.1.6 公司所属各单位、各直管项目部根据公司下达的会议费用预算指标，结合实际制订具体管控措施，严格控制在外部场所召开会议。

4.1.7 纳入公司本部外部场所年度会议计划的会议，由会议组织部门提前填写"外部场所召开会议申请表"，经总经理办公室负责人签字后实施；未纳入年度计划，确因工作需要临时申请在外部场所举办会议，费用预算在 ×× 万元以内的，经部门分管领导同意、总经理办公室负责人签字后实施；费用预算超过 ×× 万元的，须经公司主管副总经理审批后方可实施。

4.1.8 上级有关部门、单位委托公司本部各部门组织各类会议，会议承办部门须提前填写"承办会议审批表"，并附上级有关部门（单位）委托办会通知，报部门分管领导审核、总经理办公室负责人签字、主管副总经理审批后执行。承办会议所收取的会议费应冲减会议费预算。承办会议费用预算超过 ×× 万元时，须经公司总经理审批。委托承办会议的书面通知、费用预算、实际费用发生情况等资料要及时归集留存，以便会后向会议委托单位（部门）结算相关费用。

4.1.9 公司所属各单位、本部各部门、各直管项目部召开会议，尤其是在公司外部租赁会议场所召开会议，要严格控制各项费用支出，不得借开会名义变相旅游、发放礼品。

4.1.10 严格控制各类庆典活动，因特殊原因需要举办的，须事先履行申请审批程序，提交费用预算，经部门分管领导签字后，报公司主管副总经理审批。

4.1.11 因公外出参加会议，会议期间会议主办方统一安排食宿的，住宿费、伙食补助费不予报销；不统一安排食宿的，住宿费、伙食补助费按照《公司差旅费管理办法》执行。

4.2 会议费用的管理与监督

4.2.1 公司会议费用管理应严格执行全面预算管理办法，纳入公司年度预算。

4.2.2 每年年初，公司费用控制领导小组办公室结合实际，对公司下达的会议费用指标进行二次分解，经领导小组审定后，对公司本部、所属各单位、各直管项目部下达年度会议费用的使用指标；每月末，组织对费用指标执行情况进行统计；每季度末，组织对费用指标执行情况进行专项分析、通报；每年第三季度，结合实际情况对费用指标进行适当调整；每年年底，组织对费用指标完成情况进行考核。

4.2.3 会议费用的核算遵循《企业会计准则》和《公司会计核算标准化手册》的相关规定。

4.2.4 会议费用报销应符合公司规定程序，总额不能超出年度总预算。

4.2.5 公司本部各部门、所属各单位、各直管项目部不得以任何方式挤占其他费用指标。

| 拟定 | | 审核 | | 审批 | |

三、中小型企业会议管理规定

标准文件		中小型企业会议管理规定	文件编号	
版次	A/0		页次	

1. 目的

为加强公司会议纪律，规范议事日程，进一步提高会议的质量和效率，根据公司目前实际情况，特制定本规定。

2. 适用范围

适用于公司各种例会及专题会议的管理规定。

3. 职责

3.1 总经办

负责公司级例会的组织及相关工作，负责部门例会及各种专题会议的监督。

3.2 行政部

负责各种会议的会场安排、设备准备，负责管理保存所有会议纪要原件。

3.3 公司各部门

负责本部门例会及主责专题会的组织及相关工作。

4. 管理规定

4.1 会议分类

4.1.1 公司例会：原则上固定于每周一下午 17∶00 召开，要求公司总经理、分管副总经理、各部门经理及副职参加。

4.1.2 部门例会：原则上固定于每周二上午召开（公司例会次日），要求部门全员参加。

4.1.3 专题会议：指由相关部门（或人员）组织的针对专项问题的会议，会议时间、地点、参加人员由召集部门确定。

4.2 会议通知

4.2.1 会议召集部门需在会议召开前 1 个工作日发通知单给各参会部门（人员），并同时抄送总经办、行政部。未发通知单的，对会议召集部门负责人（或会议召集人）处以罚款 ×× 元。

4.2.2 例会时间固定，不需另行通知。如出现会议时间调整，公司级例会由总经办通知各参会人员，部门例会则由部门报总经办，并说明原因。未通知的，对责任部门负责人处以罚款××元。

4.2.3 会议通知单需明确会议时间、地点、内容和参会人员等。未按要求填写的，对填写人处以罚款××元。

4.3 会议准备

行政部负责会场安排、设备准备，需在会前30分钟准备完毕。因准备不充分影响会议召开的，对相关责任人处以罚款××元。

4.4 会议纪律

4.4.1 会议组织部门负责会议纪律的维护，准备签到表，组织参会人员签到。未准备签到表的，对会议组织人处以罚款××元。

4.4.2 参会人员提前5分钟到达会场进行签到。会议开始时，组织人收回签到表。会后，组织人在签到表上标注迟到（注明到会时间）、未到人员。

4.4.3 参会人员如不能按时出席，需提前1个小时向会议组织部门请假，公司例会需向总经办请假。未请假视同缺席或迟到处理。

4.4.4 公司例会需部门经理及副职参加，如部门经理因故不能出席，需指派本部门主管级人员代替，并提前通知总经办。

4.4.5 无故缺席会议者，处以罚款××元；迟到者，处以罚款××元。

4.5 会议记录

4.5.1 会议组织部门安排专人进行会议记录，会后整理会议纪要，并于会后一个工作日内发各参会部门（复印件），同时抄送总经办。原件（附签到表）交综管部存档。未提交会议纪要的，对会议组织人（或部门负责人）处以罚款××元。

4.5.2 会议纪要需参会主要人员签字确认。公司例会纪要由总经理签字，直接下发；部门例会纪要由部门负责人签字；专题会议纪要需参会主要人员（或部门）签字。未签字的，对会议组织人处以罚款××元。

4.5.3 会议纪要按公司模板记录，会议迟到、未到人员名单附后。未按要求编写的，对会议纪要记录人处以罚款××元。

4.6 处罚规定

行政部负责编制每月会议纪律处罚清单，每月1日报给总经办。

拟定		审核		审批	

四、会议室管理制度

标准文件		会议室管理制度	文件编号	
版次	A/0		页次	

1. 目的

为节约公司资源，提高各部门会议效率，保障会议室的正常使用状态，行政部现面向公司内部实施会议室使用管理制度。

2. 适用范围

适用于公司会议室的管理与使用。

3. 权责

3.1 行政部

全面负责会议室日常管理，包括会议室使用、接收、审核及相关协调工作，会议室物资准备，会后会议室整理。

3.2 各部门

负责会议室的申请并遵循本规定规范使用会议室，包括会议室的及时申请，会议中会议室内所有器材设备的保管与维护。

4. 管理规定

4.1 具体流程

4.1.1 申请：各部门使用会议室，须指定专人，在前台处登记会议室使用申请表。

4.1.2 申请时间：因会议等级不同，需准备会议物资，按照以下标准执行。

物资准备	申请时限
无需物资准备	30分钟前申请
需提供纯净水摆放	1小时前申请
需准备鲜花、水果、音响、电脑、投影设备服务	1个工作日前申请
需提供横幅、×展架、与会人员席卡等制作类物资	3个工作日前申请

4.1.3 会议时限：每30分钟为1节，各部门须按需申请，提高会议效率。

4.2 注意事项

4.2.1 会议室如需使用电脑由各部门自行准备,并认真做好保密工作,严禁传播、泄露公司商业秘密。

4.2.2 会议室使用人员须爱护设备和物品,人为损坏要按价赔偿。

4.2.3 会议室使用遵循先全局后部门、先紧急后一般的原则,如遇到会议室占用,行政部将负责协调工作。

4.2.4 话筒、投影仪等设备由专门人员调试,未经允许,不得随意变动。如出现故障,影响会议进行,可通知行政部。

拟定		审核		审批	

第三节　会务管理表格

一、外部场所召开会议计划表

外部场所召开会议计划表

申报部门:　　　　　　　年度:

序号	会议名称	拟召开时间	会议地点	人数	会期	在外开会缘由	预计费用
合计:							
申报部门意见: 签字:　　　　　　　　　日期:							
部门分管领导意见: 签字:　　　　　　　　　日期:							

二、外部场所召开会议申请表

外部场所召开会议申请表

主办部门：

会议名称			
会议时间		会议地点	
出席领导			
参会人员			
会期		人数	
费用预算（明细）			
申请部门负责人签字： 日期：		总经理办公室意见： 日期：	
部门分管领导意见： 日期：			
公司主管副总经理意见： 日期：			

注：本表一式2份，分别由申报部门、总经理办公室留存。

三、承办会议审批表

承办会议审批表

承办部门：　　　　　　　报审时间：

会议名称			
委托单位			
会议时间		会议地点	
会期		人数	
预计费用（明细）			
承办部门负责人签字： 日期：		总经理办公室意见： 日期：	
部门分管领导意见： 日期：		公司主管副总经理意见： 日期：	
公司总经理意见： 日期：			

四、会议（活动）安排申请表

会议（活动）安排申请表

申请部门		申请人		申请日期	
活动内容：					
开始日期：___月___日___时___分；截止日期：___月___日___时___分					
地点：□二楼会议室；□三楼会议室；□多媒体教室；□××酒店；□其他					
计划参加人数：共___人，其中外单位___人，本单位___人					
需准备： 横幅（内容）： (具体悬挂位置) 席卡：共___个；姓名：_____ □投影仪　　　　　□电脑：公司提供/自备　　　□白板 □音响　　　　　　□麦克风：有线___个；无线___个　□纸笔：共___份 □果盘：共___份　□湿巾：共___份　　　　　　□饮料：共___份 □签到表：自备/打印　□花篮　　　　　　　　　□拍照/录像：公司 □其他：					
餐饮（公司食堂/酒店/其他）：详细注明每次用餐地点、时间、人数、次数 住宿：共___人，___天；其中___男；___女；地点 其中：单间：___个；标间：___个 用车： 接人（含本单位人员）：共___人；时间、地点、联系人电话等 送人（含本单位人员）：共___人；时间、地点 其他事项说明：					
申请部门负责人：			日期：		
公司/分管领导：			日期：		

说明：1. 本表用于需要行政部提供后勤服务的会务活动。
　　　2. 在需要的项目前打勾，同时将不需要的选项划掉。
　　　3. 表格可以调整，调整后请保持表格的整齐。
　　　4. 除打勾、划线及签字外，本表内容须打印，手写无效。
　　　5. 本表至少提前1个工作日交于行政部办公室。

五、公司本部会议室使用申请单

公司本部会议室使用申请单

日期：

申请部门		经办人	
拟使用会议室		拟使用时间	
主持人		参会人数	
会议名称			

续表

会议准备	会标（是/否）		桌签（是/否）	
	视频或投影（是/否）		桌形（报告型/交流型）	
参会部门或人员				
申请部门负责人意见： 　　　　　　　　　　　　　　签字：　　　　　　　日期：				
总经理办公室意见： 　　　　　　　　　　　　　　签字：　　　　　　　日期：				

六、会议室使用申请表

会议室使用申请表

申请部门		申请时间	
经办人		参会人数	
会议时间	____年___月___日星期___		
开始时间		结束时间	
物资需求	话筒		投影仪		电脑	
	纯净水		水果		鲜花	
	X展架		席卡		横幅	
	其他：					
行政部审核						
备注						

七、会议通知

会议通知

　　谨定于 ____年___月___日___午___时___分在_____召开_____会议，请准时参加。若有提案请填写后于开会前提交。
　　此致

提案书		提案人	
提案内容：			

97

八、会议议程表

会议议程表

会议议程				
主持人		时间		地点
1				
2				
3				
……				

九、会议签到表

会议签到表

时间	____年__月__日__时__分		主持人		
地点					
内容					
签名						
序号	姓名	部门	序号	姓名	部门

十、会议记录

会议记录

时间		地点	
会议内容	□经理办公会议　□部门例会 □专项会议（会议名称：_____） □其他会议（会议名称：_____）		
主持人		记录人	
会议记录：			

十一、会议登记簿

会议登记簿

会议名称	会议时间	会议地点	主持人	参与人员及人数	主要决议事项

记录人：

十二、会议决定事项实施管理表

会议决定事项实施管理表

会议名称		会议时间		主持人	
序号	决定事项、实施目标、实施日期等			实施部门	执行负责人
各部门实施情况验证表					
序号	检查时间	验证结果			整改措施
验证人					

十三、会议纪要模板

会议纪要模板

会议时间				
会议地点				
会议主题				
与会人员				
主持人				
缺席人员				
记录人				
会议主要内容				
会议计划安排	工作内容		责任人	时间节点

十四、会议经费预算报告审批表

会议经费预算报告审批表

填表日期：   单位：元

会议名称			
简要说明			
会议时间	会议地点		参会人数
1. 会议场地费			
2. 办公用品、资料费			
3. 交通费			
4. 咨询费	咨询费标准：_____元／人，咨询费合计：		
5. 活动费			
6. 餐费			
7. 其他费用			
会议预算总额	预算总计（大写）：		
预支会议经费			
职能部门领导签字	公司主管领导签字		备注

十五、会议经费开支明细单

会议经费开支明细单

单位：元

会议名称				
简要说明				
会议时间	会议地点		参会人数	预支费用
费用类型	明细		金额	备注
1. 会议场地费				
2. 办公用品、资料费				
3. 交通费				
4. 咨询费				
5. 活动费				
6. 餐费				
7. 不可预见费				
金额合计（大写）				
报销结算情况				
职能部门领导签字	公司主管领导签字			备注

第六章

文书档案管理

第一节　文档管理概要

一、文书收发的管理要点

收发文书通常是由行政部的文员或者前台来完成的，其内容主要涉及以下几方面。

1. 文件签收

文件到达时，行政部的文员要做好签收工作。签收时要注意检查文件是否完整，并且加盖印章。

2. 文件登记

登记的项目应简单，一般包括收到时间（急件应注明具体时、分）、登记人姓名、发件单位、收件单位、封皮编号、文件号、件数、附件、办理情况、收件人签名、备注等。收发室只是信件的收转部门，登记时按来件的外部标志登记即可，不需另行编号或加注其他标记。

3. 文件分发

文件分发时，要求收件人进行清点，并在"收入件登记簿"上签字，以防止出现差错，明确责任，便于以后查对。

4. 文件投递

投递可以根据轻重缓急等不同情况，以特快专递、航空四种类别寄发。
（1）比较重要的信件或票证为防止丢失，可以寄顺丰、EMS快递。
（2）邮寄实物时可以选择大的物流公司。
（3）邮寄急件时一般都选择顺丰快递。

为避免不必要的工作，当信件数量多且邮寄面广时，可以采取邮资总付的办法，由快递公司按大宗邮件统一结算。

二、档案管理的实施要点

档案管理要注意以下内容：

1. 文书立卷

行政人员应根据案卷类目及时地把文件归入按条款设置的卷内，做好平时立卷

第六章 | 文书档案管理

工作要注意以下事项：

（1）编好案卷类目。

案卷类目就是按照立卷的原则和方法，为便于立卷而编出的案卷名册。案卷类目是由类目和条款组成的。案卷类目对平时立卷工作是十分重要的，可以保证文件的完整，便于平时查找、使用文件。

（2）准确确定立卷归档的范围。

一个企业每年经过文书处理的文件、材料是大量的，但不能将所有的文件、材料，都立卷归档。立卷归档的重点，应以本公司形成的文件、材料为主。

2. 文件归档

在文件归档时，主要涉及以下工作：

（1）复查案卷文件，确定保管期限。
（2）排列与编写卷内文件。
（3）装订案卷。
（4）填写案卷封面。

第二节 文档管理制度

一、公司公文管理制度

标准文件		公司公文管理制度	文件编号	
版次	A/0		页次	

1. 目的

为了实现公司公文管理的科学化、制度化、规范化，提高公文处理质量和效率，结合公司实际情况，特制定本制度。

2. 适用范围

以公司的名义行文的纸质、电子文件，均适用本制度。

公司公文是公司在经营管理过程中形成和使用的具有法定效力和规范体式的文书，是实施管理、传达信息、处理公务的载体，是指导、布置和商洽业务，请示和答复问题，报告、通报和交流工作情况等的重要工具。

105

3. 管理权责

公司办公室主管公司公文处理工作，负责公文收发、分办、传递、用印、立卷、归档和销毁等工作，并对公司所属部门和分／子公司的公文处理工作进行指导和督促检查。

4. 管理规定

4.1 公文种类

4.1.1 公司公文一般以红头文件印发，可分为以下几种。

（1）决定、决议。对公司的重要事项作出决策和部署、奖惩有关部门和人员及变更或撤销所属部门或分／子公司不适当的决定、决议等事项用决定；经会议讨论通过并要求贯彻执行的事项用决议。

（2）意见。用于对重要问题提出见解和处理办法。

（3）通知。用于颁布规章制度；批转、转发公文；任免管理人员；传达上级指示、转发上级和不相隶属部门的公文；发布、传达要求所属部门或分／子公司执行、办理和周知的事项。

（4）通报。用于表彰先进、批评错误、传达重要精神和交流重要情况。

（5）报告、请示。向上级汇报工作、反映情况及回复上级的询问用报告；向主管部门、上级请求指示、批准用请示。

（6）批复。适用于答复下级单位请示事项。

（7）函。用于公司与其他无隶属关系的部门之间商洽工作、询问和答复问题、请求批准和答复审批事项；答复征求对某项工作的意见。

（8）纪要。适用于记载会议主要情况和议定事项，提示与会部门共同遵守和执行。

4.1.2 公文按照行文方向，可分为几下几种。

上行文：指下级部门向所属上级部门的发文，如请示、报告。

平行文：指平行部门或不相隶属的部门之间的发文，主要是函，也包括纪要。

下行文：指上级部门对所属下级部门的发文，如决定、通知、批复等。

4.2 公文格式

4.2.1 公司公文一般由份号、密级和保密期限、紧急程度、发文部门标志、发文字号、签发人、标题、主送部门、正文、附件说明、发文部门署名、成文日期、印章、附注、附件、抄报抄送、印发部门、印发日期、页码等部分组成。

（1）份号。公文印制份数的顺序号。涉密公文应当标注份号。

（2）密级和保密期限。公文的秘密等级和保密的期限。公司涉密公文分为"绝密""机密""秘密"三个等级，保密期限分别为20年、10年、5年。

（3）紧急程度。公文送达和办理的时限要求。根据紧急程度，紧急公文应当分别标注"特急""加急"。

（4）发文部门标志。公司发文，由公司全称加"文件"二字组成。联合发文时，发文部门标志用联合发文部门名称。部门发文，由公司全称加部门名称加"文件"二字组成。

（5）发文字号。由发文部门代字、年份、发文顺序号组成（详见附件1）；联合行文时，使用主办部门的发文字号。

（6）签发人。上行文应当标注签发人姓名。

（7）标题。一般情况下，标题由事由和文种组成。向党政部门行文时，标题由发文部门名称、事由和文种组成。

（8）主送单位。公文的主要受理部门，应当使用部门全称、规范化简称或者同类型部门统称。

（9）正文。公文的主体，用来表述公文的内容。

（10）附件说明。公文附件的顺序号和名称。

（11）发文单位署名。署发文部门全称或者规范化简称。

（12）成文日期。署会议通过或者发文部门负责人签发的日期。联合行文时，署最后签发部门负责人签发的日期。

（13）印章。公文中有发文部门署名的，应当加盖发文单位印章，并与署名部门相符。

（14）附注。对公文发放范围、使用时需注意的事项加以说明。

（15）附件。公文正文的说明、补充或者参考资料。

（16）抄报抄送。除主送部门或部门外需要执行或者知晓公文内容的其他部门，应当使用部门的全称或规范化简称。

（17）印发部门和印发日期。印发部门是指公文的印制主管部门，一般是公司办公室或文秘部门，印发日期是送印日期。

（18）页码。公文页数顺序号。

4.2.2 公文使用的汉字、数字、外文字符、计量单位和标点符号等，按照有关国家标准和规定执行。

4.2.3 公文用纸幅面采用国际标准 A4 纸型（210mm×297mm）。特殊形式的公文用纸幅面，根据实际需要确定（详见附件2）。

4.3 发文规范

4.3.1 印发公司正式公文（发文）应当明确必要，讲究实效，注重针对性和可操作性，坚持言简意赅。

4.3.2 按隶属关系发文：一般不得越级发文，应逐级上报、逐级下达。因特殊情况必须越级发文时，应同时抄送被越级的部门。

4.3.3 按职责范围发文：完全属于职责范围内的事项，可直接发文；属于职责范围之内，但涉及其他部门职责的事项，应与涉及部门协商一致，进行会签，联合发文。

4.3.4 不相隶属的部门之间发文双方的关系平等，公文效力对等，一般用函发文。

4.3.5 涉密公文的发文规则："明来明复，密来密复"；主件和附件的秘密等级一致。

4.3.6 请示应当一文一事，一般只写一个主送部门，如需同时送其他部门，应当用抄送形式；对可行性研究报告、初步设计审核意见等业务性较强的公文，在报请上级和业务主管部门审批的同时，抄送有关部门。报告不得夹带请示事项。

4.3.7 公司对外发文必须交公司办公室统一处理。

4.3.8 不能发文的几种情况。

（1）不能对领导者个人发文（特别是请示、报告，不能出现领导姓名）。

（2）所属部门（办公室除外）之间的工作往来一般不发文。

（3）公司所属部门不能对系统外发文。

（4）相关部门就有关问题未协商一致时，不能各自发文。

（5）能用简报、电话、函等形式解决的事宜，不发文。

（6）不属于本部门职责范围，但在履职时反映出来的事项，应以信息、简报形式反映，一般不正式发文。

4.4 发文处理

4.4.1 发文处理是指以本公司名义制发公文的过程，一般包括拟稿、部门审核、会签、核稿、签发、排版、校对、用印、分发、归档、销毁等程序。

4.4.2 以公司名义发文，由承办部门负责起草公文，经部门负责人审核，办公室主任核稿，分管领导或总经理、董事长审批后，由办公室统一编号印发。公司所属部门就自身职能与业务范畴向公司内部发出一般性或专项工作要求、会议通知等，以部门名义发文，由承办部门负责按本制度要求起草公文，经部门负责人、分管领导或总经理审批后自行印发。

4.4.3 起草公文的要求。

（1）拟制公文必须使用公司规定的公文模板，符合公文格式要求。

（2）拟稿人应按公司发文审批表上的栏目要求填写清楚。

（3）行文应内容合规合法、主题突出、逻辑清晰、语法规范、表述准确、文字精炼、简明扼要。

（4）人名、地名、时间、数字、引文、计量单位、标点符号准确。引用公文应当先引标题，后引发文字号，并加括号。引用外文应当注明中文含义。时间应当写明具体的年月日。

（5）公文中的数字，除成文时间、部分结构层次序数和定型词、词组、惯用语、缩略语等数字必须使用汉字外，应当使用阿拉伯数字。

（6）文内使用非规范化简称，应先用全称并注明简称。使用国际组织外文名称或其缩写形式，应在第一次出现时注明准确的外文全称和中文译名。

4.4.4 草拟、修改和签批公文，用笔用墨必须符合存档要求，应使用钢笔或签字笔，也可用激光打印机打印，不准用圆珠笔、铅笔和彩笔，不得在文稿装订侧处书写。

4.4.5 拟稿部门审核。草拟后的公文应由部门领导审核。审核的主要内容包括文稿数据、事实是否准确；所提要求、办法、意见和措施是否切实可行；所要说明的问题是否全面清楚；文件是否需要有关部门会签；公文主送、抄报抄送的范围是否准确；附件是否齐全等。

4.4.6 其他部门会签。公司发文凡涉及其他部门的应在拟稿后由起草部门送交有关部门领导会签。

4.4.7 核稿。公文经过部门审核、会签后，应由公司办公室主任或其委托人对拟稿进行核稿。核稿的主要内容包括是否需要行文；内容是否合法合规；提出的要求和措施是否明确具体、切实可行；文字表述、文种使用、公文格式是否准确、规范等。

4.4.8 签发。

（1）向上级部门、业务主管部门的请示、报告等，由公司办公室先送分管领导审核会签，再送总经理签发。

（2）需紧急签发的公文，负责签发的领导因出差等原因不能书面签发时，由公司办公室通过电话等方式请示负责签发的领导。经负责签发的领导同意，文件可按程序发出，在领导返回后 2 日内要进行补签。

（3）公司贺电、唁电及公司办公室职权范围内的一般性公文，授权公司办公室主任代为签发。

（4）签发人签发公文，应当签署意见、姓名和完整日期；圈阅或者签名的，视为同意。

4.4.9 排版、校对、用印和分发。

（1）公司办公室首先复核公文的审批、签发手续是否完备，附件材料是否齐全。

（2）符合发文条件的文件，应交由公司办公室文秘对签发的公文进行统一编号，在发文登记簿上登记后打印清样。

（3）将公文定稿制文后履行用印手续，在公司办公室登记用章，并按公文要求登记分发。

（4）发文可通过纸质公文印发、公文邮箱及办公系统平台三种形式进行发布。

（5）外送公文需要收文部门签收，需填制文件发送登记簿。

4.4.10 会议纪要的发文。

（1）公司级办公会、周例会、月例会、年会由公司办公室记录；各部门组织的专题会由部门负责记录。

（2）负责会议记录的部门，需按照会议记录分析归纳、总结提炼出会议纪要，经公司分管领导审核后印发。

（3）部门内部业务例会、部门级别的专业会，由会议组织部门按照公文规定的格式进行排版、印制；公司办公会、周例会、月例会、年会、公司级别的专题会等会议纪要由公司办公室负责排版、印制。

4.5 收文处理

4.5.1 收文处理主要包括签收、登记、拟办、批办、承办、督办、移交等程序。公司办公室负责公司外来文件以及各部门报送公司领导的文件的处理。各部门负责本部门外来文件以及公司下发文件的处理。

4.5.2 收文的类型分为办理类、传阅类、批示类三类。

（1）办理类公文，是指需要公司办理的上级部门和其他不相隶属部门的来文，以及需要答复的各分／子公司的请示和要求转发、批转的公文。

①政府相关部门下发的需要遵照执行或参照执行的公文。

②相关部门主送公司需要办理的公文。

③各分／子公司报送的请示、请求批转、转发的公文。

④其他不相隶属的部门主送公司需要办理或答复的函件。

⑤其他需要办理的公文。

（2）传阅类公文，是指抄送公司的知晓性或备案性公文、刊物、信函、内部资料等。

①政府相关部门抄送公司的公文。

②其他不相隶属的部门主送公司的情况说明或备案性公文。

③各类部门发来的各类刊物、信息、简报等。

（3）批示类公文，是指领导人在阅文上或其他材料上有批示的材料。

①政府相关部门转来的领导批示件。

②公司领导在各部门、子公司抄报的公文上的批示。

③领导在各类信息、刊物、简报、资料上的批示。

4.5.3 签收、登记。公司办公室签收或启封公文后，统一按"年度＋流水号"立即进行收文编号，填制收文登记簿。

4.5.4 拟办。公司办公室根据来文内容填制收文处理签，办公室主任提出处理的拟办意见。

4.5.5 批办。公司办公室主任提出拟办意见后，由文秘根据拟办意见呈交有关公司领导批办。

4.5.6 分办和承办。

（1）文秘根据批办意见，将文件阅办卡送有关领导或部门阅办，或发送具体承办部门办理。

（2）承办部门应根据领导批示尽快办理复文、执行或反馈意见，做到件件有着落，事事有结果。

（3）对需要公告的事项，通过会议、公告栏等方式进行传达；对需要传阅的文件，由文秘发送有关领导和部门，传阅文件应及时处理并在文件阅办卡上签字确认。若电子版文件需要以纸质文件传阅，由文秘直接送交复印件，文件传阅后及时返还，禁止积压。

4.5.7 催办和督办。公司办公室有权对承办情况进行督促检查和催办。紧急公文跟踪催办，重要公文重点催办，一般公文定期催办。督办贯穿于签批事项处理的各个环节，要根据事项的紧急程度随时或者定期向领导反馈办理情况。

4.5.8 公文办理时效。特急文电要随到随办，尽快处理；加急件应在当日办理完毕；急件应在3日内办完；一般性问题，情况比较清楚，容易答复的，最迟不得超过五日；属于重大问题，需调查研究，征求有关方面意见的，要抓紧办理。承办部门要在文件阅办卡上注明承办情况，并退还公司办公室。各责任人应在相应时间范围内向公司领导、办公室及时反馈承办情况。

4.6 公文归档

4.6.1 公司公文需按照公司档案管理制度要求进行分类立卷、归档及借阅。完整保存公文发文审批表原件和正式公文至少一份及电子版文件。

4.6.2 公司级别公文档案由公司办公室负责存档，各部门公文档案自行归档管理。

4.6.3 公司级公文档案归档范围包括公司红头发文、会议纪要（行政高管会、办公会、专题会、生产安全会、质量分析会、重要事项讨论会、公司层面交流会议等）、专题材料、外部来文等。

4.6.4 通过办公系统提交的电子文件处理完毕后应将电子文本及审批记录打印，存档保管。

4.6.5 没有存档价值和存查必要的公文，经过鉴别和公司主管领导批准，定期销毁。销毁秘密公文，应当进行登记，由公司领导指派人员监销，保证不丢失、不漏销、不误销。

4.7 签报

4.7.1 签报是公司领导掌握公司工作动态和重要事项的公司内部工作文书。签报包括请示、报告两种形式。请示要求一事一报，文字简练，内容清晰，并提出解决问题的意见和建议，必要时可附有关资料；报告要求观点突出，条理清楚，简单明了，实事求是。

4.7.2 签报由职能部门拟稿，请示类签报须由办公室核稿，办公室向相关分管领导呈报；报告类签报由职能部门直接报分管领导签批。重大经营活动、人事安排、员工处理等暂时不便对办公室公开的签报，由职能部门直接呈报相关领导。

4.7.3 签报内容涉及其他职能部门工作的，必须送相关部门会签。如会签部门无不同意见，在会签栏注明"同意"，如意见不一致或有相关建议，应书面提出，由部门主要负责人签字后退回拟稿部门。拟稿部门不同意会签部门意见时，附书面理由说明后，请示类签报送办公室核稿、报告类签报直接报分管领导。

4.7.4 需办公室核稿的请示类签报，由办公室统一编号，部门直接呈报的签报，由部门自行编号。

4.7.5 办公室对经公司领导批示的退还的签报，按领导批示进行传递，并进行催办、督办。

4.7.6 办公室负责不定期地汇总编发《签报要情》，将公司领导批示和承办情况汇总送公司主要领导和有关处室负责人。

4.7.7 请示类签报由办公室负责分发、比照公文进行归档管理，报告类等直接呈报公司领导签批的签报，由呈报部门按有关规定进行分发、比照公文进行管理。

5. 附则

5.1 对于涉密公文、签报，应当严格遵守公司相关制度规范进行管理，故意泄露商业机密，给公司造成重大损失的，依法移交司法机关处理。

5.2 本制度由公司办公室负责解释，并修订完善。

附件1

发文代字表

级别	部门	公司发文号	具体内容
公司级	公司发文	××发〔201〕×号	包括决定、决议、意见、通知、通报、报告、请示、批复等
		××函〔201〕×号	函
	团体文件	××党工〔201〕×号	党支部、工会等发文

续表

级别	部门	公司发文号	具体内容
公司级	会议纪要	××纪要〔201〕×号	会议纪要类
	签报	签〔201〕×号	需办公室核稿的签报
部门级	办公室	××办〔201〕×号	以各部门名义发布的文件
	财务部	××财〔201〕×号	
	……	……	
	会议纪要	××纪要〔201〕×号	部门会议纪要
	签报	×签〔201〕×号	部门直接呈报的签报

附件2

文印格式要求

（一）版头

1. 份号：根据公文印制份数，编流水号。涉密公文一定要标注份号。份号用黑色6位数字顶格编排在版心左上角第1行。

2. 秘级和保密期限：一般用3号黑体字，顶格编排在版心左上角第二行，保密期限中的数字用阿拉伯数字标注。

3. 紧急程度：一般用3号黑体字，顶格编排在版心左上角；如需同时标注份号、密级和保密期限、紧急程度，则按照份号、密级和保密期限、紧急程度的顺序自上而下分行排列。

4. 发文单位标识：公司全称或公司全称加"文件"二字用套红小标宋字体居中印在公文首页上半部，发文机关标志上边缘至版心上边缘约为35mm。联合行文时，并用联合发文机关名称，主办单位名称排列在前。

5. 发文字号：发文字号编排在发文机关标志下12磅行距空2行位置，用3号仿宋字体。居中排布。年份、发文顺序号用数字；年份用全称4位，用六边形括号"〔〕"括入；发文顺序号不编虚位，不加"第"字。上行文发文字号标识在发文单位之下居左空1字。

发文字号之下4mm处居中印一条与版心等宽的红色分隔线。

6. 签发人：上报的公文需标识签发人姓名。这时发文字号标识在发文机关之下居左空1字，签发人姓名平行居右空1字。签发人用3号仿宋体字，签发人姓名用3号楷体字标注。

联合行文时有多个签发人，签发人姓名按发文机关的顺序从左到右、自上而下依次均匀顺排，一般每行排2个姓名，回行时与上一行第一个签发人姓名对齐，最后一个签发人姓名应与发文字号处在同一行。

（二）公文主体

1. 标题。用 2 号小标宋体字，编排于红色分隔线下空二行位置，空置的两行行距固定值为 12 磅。标题分一行或多行居中排布；回行时，要做到词意完整，排列对称，长短适宜，间距恰当，标题排列应当使用梯形或菱形。

2. 主送单位。编排于标题下空一行位置，空置行距固定值 12 磅，用 3 号仿宋体字。居左顶格，回行时仍顶格，最后一个单位名称后标全角冒号。如主送单位名称过多时，应当将主送单位名称移至版底。

3. 正文。用 3 号仿宋体字，编排于主送单位名称下一行，每个自然段左空二字，回行顶格。文中结构层次序数依次可以用"一、""（一）""1.""（1）"标注；一般第一层标题用黑体字、第二层标题用楷体字、第三层和第四层用仿宋体字标注，第四层标题字体应加粗。

一般公文中标题行距 28 磅，正文及其他单倍行距，一行排 28 字，一页 22 行。

4. 附件。在正文下空一行左空二字编排"附件"二字，后标全角冒号和附件名称。如有多个附件，使用数字标注附件顺序号（如"附件：1.×××"）；附件名称后不加标点符号。附件名称较长需回行时，应当与上一行附件名称的首字对齐。

附件正文应当另面编排，与公文正文一起装订。"附件"二字及附件顺序号用 3 号黑体字顶格编排在版心左上角第一行，后不加冒号。附件标题居中编排在第二行。附件顺序号和附件标题应当与附件说明的表述一致。附件内容格式要求同正文一致。

5. 发文单位署名。在正文（或附件说明）下至少下空两行编排公司和联合行文单位名称，每排最多放三个单位，发文单位或编排在最后一个的联合行文单位的署名居成文日期中。

6. 成文日期。在发文单位署名下一行右空四字编排，用阿拉伯数字将年、月、日标全，年份应标全称，月、日不编虚位（即 1 不编为 01）。

如有联系人、附注，编排在成文日期下一行左空两字，先排联系人、联系电话，再排附注，用小括号分别括入。请示件应标注联系人和联系方式。

7. 印章。单一机关行文及编排在最后一个的联合行文单位，印章端正、居中下压成文日期，使发文机关署名和成文日期居印章中心偏下位置，印章顶端应上距正文一行之内。不得出现空白印章。

联合上行文，发文单位只署名主办单位时，只加盖主办单位印章。所有单位需要署名时，一般将各发文单位署名按照发文单位顺序整齐排列在相应位置，并将印章一一对应、端正、居中下压发文单位署名，最后一个印章端正、居中下压发文单位署名和成文日期，印章之间排列整齐、互不相交或相切，每排印章两端不得超出版心，首排印章顶端应当上距正文一行之内。

8.特殊情况说明。除会议纪要和印有版头的下行普发的公文外，公文一般应加盖发文机关印章。

用印页，即发文机关署名页，至少应有二行正文，不能采用页首加圆括号标注"此页无正文"字样。当公文排版后所剩空白处不能容下印章或签发人签名章、成文日期时，可以采取调整行距、字距的措施解决。务使印章与正文同处一面。

（三）版记

1.版记应置于公文最后一面，版记的最后一个要素置于最后一行。版记中的分隔线与版心等宽，首条分隔线和末条分隔线用粗线，高度为0.35mm，中间的分隔线用细线，高度为0.25mm。首条分隔线位于版记中第一个要素之上，末条分隔线与公文最后一面的版心下边缘重合。

2.抄报抄送单位。用4号仿宋体字，编排在印发单位和印发日期之上一行，左右各空一字编排。先编排"抄报"后编排"抄送"，二字后加全角冒号和抄送单位名称，回行时与冒号后的首字对齐，最后一个抄报抄送单位名称后标句号。在排列顺序上一般按单位性质和隶属关系确定，依照先上级再平级后下级的次序。

3.印发单位和印发日期。用4号仿宋体字，编排在末条分隔线之上，印发单位左空一字，印发日期右空一字，用数字将年、月、日标全，年份应标全称，月、日不编虚位（即不编01），后加"印发"二字。

版记中如有其他要素，应当将其与印发机关和印发日期用一条细分隔线隔开。

4.页码。一般用4号半角宋体及数字，编排在公文版心下边缘之下，数字左右各放一条"—"字线，上距版心下边缘7mm；单页码居右空一字，双页码居左空一字。公文的版记页前有空白页的，空白页和版记页均不编排页码。公文的附件与正文一起装订时，页码应当连续编排。

（四）排版规格与装订要求

（1）排版规格：正文用3号仿宋体字，段落固定值30磅，页边距上下30mm，左右25mm。页眉、页脚用小四号黑体字加粗。

（2）装订要求：公文应左侧装订，不掉页。包本公文的封面与书芯不脱落，后背平整，不空。无毛茬或缺损。

（五）纪要格式

纪要标志由"××纪要〔20 〕×号"组成，居中排布，上边缘至版心上边缘为35mm，使用红色小标宋体字。

如未附会议签到表，需标注出席人员名单，一般用3号黑体字，在正文或附件说明下空一行左空二字编排"出席"二字，后标全角冒号，冒号后用 3 号仿宋体字标注出席人单位、姓名，回行时与冒号后的首字对齐。标注请假和列席人员名单，除依次另起一行并将"出席"二字改为"请假"或"列席"外，编排方法同出席人员名单。

纪要格式可以根据实际进行调整。

拟定		审核		审批	

二、公司档案管理制度

标准文件		公司档案管理制度	文件编号	
版次	A/0		页次	

1. 目的

为进一步完善公司的管理体系，建立有效的档案管理制度，实现档案管理工作的制度化、规范化、科学化，使档案管理更有效地为公司管理工作服务，促进公司的可持续健康发展，根据相关法律法规及规定，并结合公司实际情况，特制定本制度。

2. 适用范围

本制度适用于公司档案的管理。公司档案是在各项活动中形成的全部档案的总和，是完整地、系统地反映公司各项经营活动的真实记录，是考察和研究公司历史及现状的重要依据。

3. 权责

档案管理工作是公司管理基础工作的组成部分，是维护公司合法权益的重要工作。公司档案管理工作坚持集中统一的原则，由公司行政与人力资源总监统一负责，统一管理。

3.1 公司档案具体工作由档案部进行日常管理，其他各部门在工作和业务经营活动中形成的装饰工程、基建、科研、文书、音像、人事、会计、实物等档案均须由公司档案部管理，各部门不得分散保存。

3.2 公司设立档案部并配备专职档案人员，公司档案部的基本职责为：

3.2.1 组织实施党和国家关于档案工作的有关方针、政策、法规和档案管理部门制定的有关规定、办法、细则。

3.2.2 制定本公司档案工作的规定、管理办法和工作计划等。

3.2.3 在统一领导、分级管理的原则下，根据本专业的管理要求对档案材料的积累、收集、立卷、归档工作进行监督和指导。

3.2.4 负责对本公司形成的各类档案实行综合管理，积极提供利用。

3.2.5 办理领导交办的其他有关档案业务工作。

3.3 各部门设立兼职档案员，其主要职责是：

3.3.1 认真执行本公司档案工作的规章制度，主动向档案部反映档案工作情况，积极配合其开展工作并接受综合档案室的监督、指导和检查。

3.3.2 根据本公司各部门归档范围负责做好本部门档案材料的收集整理工作并在规定期限内向档案部移交，确保本公司档案的完整、真实和安全。

4. 管理细则

4.1 归档范围

公司编制文件材料的归档范围，根据各部门的职责不同，主要有以下几个方面。

4.1.1 行政人事部。

（1）公司各项规章制度、简介、执照、资质证书、经营计划、管理决策等。

（2）与总部及其他部门往来发文。

（3）行政管理方面，包括：

①办公用品管理、采购、出车及维修记录等。

②日常管理方面的员工考勤，前台的外出登记、钥匙登记、来客记录、电话记录、维修登记、材料收发、设计师排单、公司会议记录、重要谈话及各种总结、报告、请示批复，员工民主生活会方面的记录等。

③人事方面的劳动合同、各项协议、员工奖惩、晋升、培训、入职手续、员工资料等。

4.1.2 安装部：主要为施工管理手册所包含的内容。

4.1.3 财务部：主要包括财务管理中的各种账册、报表、凭证、工资发放，后勤方面的固定资产核算、费用申请等。

4.1.4 以上各部门归档材料的范围有所变更时应及时地通知档案管理部门，以便档案管理及时地作出调整。各部门应归档的材料形式包括纸质、音像及实物文件。

4.2 归档文件的等级划分及保管期限

需归档的文字、音像及实物材料的分级、保管期限，如下表所示。

分级、保管期限

文件等级	文件类型	保管期限
一级	秘密文件：公司各项规章制度、简介、执照、资质证书、荣誉证书、经营计划、管理决策，与总部及其他部门往来发文，人事方面的各种文件，财务报表、账册、资产核算，合同及司法文书等	永久

续表

文件等级	文件类型	保管期限
二级	重要文件：会议记录、重要谈话及各种总结、报告、请示批复，企划方面的宣传方案、形象展示，涉及工程项目的文件等	5年以上
三级	普通文件：员工考勤，前台的外出登记、钥匙登记、来客记录、电话记录、维修登记、材料收发、设计师排单，仓库管理方面的材料进出登记、核算、保管，档案方面的管理指导、档案保管、核算、借阅、销毁，后勤方面的费用申请、办公用品管理、采购、出车及维修记录等	3年

4.3 档案编号方法

4.3.1 以一个立档单位所形成的全部档案为对象，依据公司部门及业务划分，结合档案的内容和档案载体的形式制定编号方法，便于科学管理和开发利用。

4.3.2 档案大类别均以部门前两个字拼音首字母命名。

  行政部：XZ 人资部：RZ 客服部：KF
  设计部：SJ 市场部：SC 工程部：GC
  财务部：CW 法务与档案部：FD 企划部：QH
  仓管部：CG

4.3.3 工程项目命名。以上部门（主要是设计部、工程部、客服部三部门）凡涉及工程项目的档案材料均以项目名缩写为大类别。

4.3.4 非工程项目档案命名。内部岗位编制并不复杂且部门管理统一，对内制度/规范性文件的页眉文字靠左为公司VI规范标识图形，靠右为公务编码，一般制度/规范性文件均需要编号。无论对内对外文件,页脚格式均为"第 × 页，共 × 页"，页眉、页脚均使用宋体小五号字，不加粗，带格式线。

编制方法（以财务部为例）：202003.CW01.×××（2020年3月份财务报表）其中202003为日期，CW为财务部编号，01为财务部制定的代表财务报表的内容（02为财务凭证，依次类推），×××为其他编号。

4.4 归档方法及要求

4.4.1 归档文件材料必须完整，层次分明，符合其形成规律，能够准确地反映公司生产经营各项活动的真实内容和历史进程。

4.4.2 涉及项目工程的，应将档案材料归入同一案卷中；不涉及项目工程的，先将文件材料按其形成或对应的年度分开，一般文件归入文件形成的年度（跨年度的规划计划，可归入文件内容针对的第一个年度；跨年度的总结、报告，归入文件内容针对的最后一个年度；统计报表、预决算归入对应年度）。

4.4.3 按要求填写卷内目录、备考表等表格，拟写案卷标题要求结构完整，一般应准确概括卷内文件材料主要责任者、内容、名称。案卷封面要用黑色签字笔或者黑色钢笔书写。

4.4.4 对破损的文件材料在装订的同时应进行加边、修补或裱糊，对较大的纸张应折叠，并拆除文件材料上的金属物。案卷装订要整齐。

4.5 归档流程

4.5.1 归档时间。各部门不涉及工程项目的材料，应根据不同的材料性质进行整理。凡材料每月整理的（一般为行政部、人资部、企划部、法务与档案部、市场部及设计、工程、客服部门中日常管理的材料），应在下月3日之前首先整理归档；凡材料按季度或年度整理的，应在下一季度或下一年度一周内首先进行归档。归档应包括材料原件、复印件及扫描电子件。

各部门涉及项目工程的材料，应在工程全部竣工后一周内首先进行归档，然后将同一项目的归档材料交客服部统一移交档案部，归档应包括材料原件、复印件及扫描电子件。

4.5.2 档案移交。各部门不涉及项目工程的归档材料在部门首先归档后一周内经部门主管签字后移交档案室；涉及项目工程的，各部门首先归档后，由部门主管签字并统一交客服部整理，客服部应在收到各部门材料后一周内经部门主管签字后将档案材料移交档案部。档案经档案部主管人员验收合格后，填写档案移交清单，双方履行签字手续，办理移交。

4.6 档案保管与统计

4.6.1 公司设置专用档案库房，库房应坚固，具有防盗、防火、防水、防虫、防鼠、防潮、防尘、防高温等设施。要定期检查档案保管状况，对破损或变质的档案应及时修补、复制或采用其他技术处理。

4.6.2 档案库房温度应保持在14℃～24℃，相对湿度应保持在45%～60%。档案库房内严禁吸烟及存放易燃易爆或易霉变物质，库房管理人员调动工作时，对保存的档案资料要详细清点，履行交接手续。

4.6.3 建立档案统计制度，对档案的收进、移出、保管、利用等情况进行统计。及时、准确地填写各种档案工作情况统计年报。

4.7 档案借阅利用

4.7.1 档案部根据工作需要，编制必要的档案目录、索引等检索工具，编辑档案文件汇编各种参考资料，积极主动地开展档案利用工作。

4.7.2 建立档案借阅及保密制度，根据档案的重要程度，确定不同的利用范围，规定不同的审批手续。

（1）借阅资料为普通文件的，借阅时间不超过1周，如遇节假日，须在节假日前归还。并需填写调档单，经本部门主管及档案主管人员签字审批后方可借阅。

（2）借阅资料为重要文件的，借阅时间不超过 3 个工作日，如遇节假日，须在节假日前归还。并需填写调档单，经本部门主管及行政与人资部总监签字审批后方可借阅。

（3）借阅资料为秘密文件的，借阅时间不得超过 1 个工作日，原则上不得带出档案室。并需填写调档单，经本部门主管、行政与人资部总监及总经理签字审批后方可借阅。

4.7.3 借阅档案人员必须爱护档案，保持整洁，要保护档案的安全。不得转借、拆卸、调换、污损所借档案，不得在文件上圈点、画线、涂改，未经批准不得复印档案。

4.7.4 调阅重要及秘密档案只可在档案部门调阅复印件或者扫描件。借阅人员必须严格保密，不得泄露资料内容，不得遗失。借阅后需按时归还，如需延长借阅的，必须通知档案管理人员，并另行办理借阅手续。

4.8 档案鉴定、移交、销毁

4.8.1 档案部应根据不同档案材料的分级及保管期限，结合实际情况，定期统计档案库内各档案的情况。

4.8.2 定期对已到期的档案进行鉴定，鉴定工作在行政与人资部总监的统一领导和主持下，由档案部门和与所鉴定档案相关的业务部门组成鉴定小组，具体负责档案的鉴定工作。

4.8.3 凡经鉴定小组确认已失去保存价值的档案，应登记造册，经公司主管领导批准后销毁。档案销毁时，必须有两人在场，并在销毁清单上签字。销毁清册由公司档案室永久保存。

4.9 档案保密

4.9.1 档案部管理人员及各部门兼职档案员应在安全的环境下整理装订涉密档案，妥善保管尚未整理的档案材料，不准随意堆放，以免造成丢失、损坏和泄密。

4.9.2 不准向无关人员提供或泄露档案内容；不准通过电话、电子邮件、普通邮件等形式传递涉密档案信息和档案材料；不准在不利于保密的场合谈论涉密档案内容。

4.9.3 档案人员不得私自打印、翻印、拍照或复制涉密档案，不准擅自带人进入档案库房。

4.9.4 集中销毁保管期限届满且失去保存价值的档案，不得另作他用。

4.9.5 发生泄密和档案被盗事件时要及时地报告领导，当事者要及时地出具书面报告。对违反保密规定、造成泄密和被盗者，应按其性质及情节给予严肃处理。

4.10 奖惩规定及法律责任

4.10.1 有下列行为之一的，根据情节轻重，公司将给予××～××元不等的处罚，严重者将追究法律责任：

（1）未按照本制度规定进行文件编号、装订、填写卷内备考表、卷内目录等所需材料的。

（2）未按照规定时间移交档案或者不积极配合各部门兼职档案员的工作的。

（3）未履行借阅程序擅自带走档案的。

（4）借阅档案未登记或超出借阅时间未归还又没有履行延期借阅手续的。

（5）损坏、遗失或擅自销毁应当保存的文件材料和档案的。

（6）对档案进行涂改、伪造的。

（7）将公司档案占为己有、在职位变更或离职时不及时移交档案材料，造成工作延误或经济损失的。

（8）擅自出卖、倒卖档案，给公司造成损失的。

（9）对各部门档案工作监督指导不到位，严重影响工作秩序的。

（10）对各部门反馈的问题或建议未及时解决或处理，严重影响工作秩序的。

4.10.2 对于各部门积极配合档案部工作的，由档案部门按月度或季度评选出最佳部门及人员，经层报执行总经理给予物质奖励，具体奖励办法参考公司相关管理规定。

拟定		审核		审批	

第三节 文档管理表格

一、发文审批表

发文审批表

发文编号：	档案编号：
密级：□秘密　□机密　□绝密	缓急：□特急　□急　□一般
签发：	主办部门及拟稿人： 日期：

续表

	主办部门审核： 日期： 联系人： 联系电话：
会签：	办公室核稿： 日期：
标题：	
主送：	
抄报：	
抄送：	
附件：	
校对：	打印：　　　　　　印数：
发布形式：□书面　□网络　□其他	20××年××月××日印发

二、发文登记簿

发文登记簿

序号	登记日期	文件标题	文件编号	密级	签发人	拟稿人	印数	印发日期	备注

三、文件发送登记簿

文件发送登记簿

序号	送出日期	文件标题	文件编号	密级	印发日期	件数	收文单位（人）	收件人签章	收文日期	备注

四、收文登记簿

收文登记簿

收文编号	收文日期	来文单位	文件标题	文件编号	密级	份数	收件人签章	处理情况	备注

五、文件阅办卡

文件阅办卡

来文单位					收文日期		
紧急程度		密级		总页数		来文字号	
主题	
附件	
拟办意见	拟办人：　　　　　日期：
送阅领导							
送阅时间							
领导批示	
部门意见	
处理结果	
存档情况	收存部门		管理员		文件类别		编号	

六、文件签报单

文件签报单

密级：□秘密 □机密 □绝密	缓急：□特急 □急 □一般
领导批示： 日期：	会签： 拟稿人： 主办部门审核： 联系人： 联系电话：
处理结果：	办公室核稿：
签报批复后抄送：	
主题：	

发文编号：　　　　　　　　　　　　　　档案编号：

七、档案卷内目录表

档案卷内目录表

序号	编号	责任人	文件名称	日期	页数	备注

八、档案封面

档案封面

档案号		保密等级	
档案名称			
整理人		所属部门	
归档时间		保管期限	
备注			

九、卷内备考表

卷内备考表

本案卷情况说明： 　　填写盒内归档文件的数量、缺损、修改、补充、移出、销毁、鉴定变更等情况。   　　　　　　　　　　　　　　　　　　　　　　　　　　整理人： 　　　　　　　　　　　　　　　　　　　　　　　　　　检查人： 　　　　　　　　　　　　　　　　　　　　　　　　　　整理日期：

十、档案调阅单

档案调阅单

日期：

姓名		部门		职务	
调阅申请	（填写所要调阅的档案及事由）					
部门主管意见					
行政与人力总监意见					
总经理意见					
备注					

十一、档案调阅登记表

档案调阅登记表

日期	姓名	部门	职务	调阅原因	调阅内容	是否复制	签字	归还日期

第七章

办公设备用品管理

行政管理必备制度与表格典范

第一节 办公设备用品管理要点

一、办公用品的分类

办公用品的分类如下表所示。

办公用品的分类

序号	分类		具体说明
1	固定资产类办公用品		办公电脑（台式、笔记本）、传真机、复印机、打印机、碎纸机、扫描仪、投影仪、幕布、办公家具等
2	高值非消耗类办公用品		验钞机、电话机、打孔机、装订机、U盘、移动硬盘、白板、书报架、路由器、插排、开水壶、计算器等
3	高值消耗类办公用品		墨盒、硒鼓、色带、碳粉、网线、电话线等
4	低值易耗类办公用品	笔类	签字笔（芯）、圆珠笔（芯）、铅笔、白板笔、记号笔等
		册类	文件夹（盒/袋）、档案盒（袋）、凭证盒、抽杆夹、资料册、拉边袋、名片册（夹/盒）、支票夹等
		纸本类	账本、笔记本、打印纸、复写纸、便签纸、稿纸、印刷品、纸杯、百事贴、口取纸、信封等
		刀器类	订书机、起钉器、剪刀、裁纸刀、转笔刀、刀片等
		夹钉类	装订条、曲别针、大头针、订书针、长尾票夹等
		卫生类	洗衣粉、肥皂、洗洁精、洁厕灵、消毒液、去污粉、拖布、扫把、清洁刷、食品袋、垃圾袋、毛巾、卫生纸、餐巾纸、乳胶手套、帆布手套、水鞋等
		其他类	胶水（棒）、胶带、双面胶、涂改液、笔筒、纸篓、湿手器、尺子、墨水、橡皮、印油（台）、电池、水晶头等

二、办公用品的保管管理

1. 定义

办公用品的保管，主要指办公用品的登记、存放、分配、使用责任的确认以及盘点、交换和养护等，目的是保持办公用品的效能。

2. 保管要求

办公用品的保管一般要设专门的库房和专人进行管理。具体保管应注意以下事

128

项：

（1）保管员对采购员购入的办公用品，按照规格、数量、质量，认真验收、登记、上账、入库，精心保管。

（2）库房内的各种物品要摆放合理，并做到整齐、美观。

（3）要经常检查库房内的物品，防止损坏、变质、变形。

（4）在保管工作中，要及时地登记保管账卡，定期（季度或半年）清理库存，做到账物相符。

（5）保管员还要根据库存和需求情况，定期提出采购计划。在做计划时，保管员要注意防止物资的积压，努力压缩库存，做到节约资金。

（6）对库房还要注意加强安全防范工作，经常进行安全检查，防止各种意外事故的发生。

三、办公用品的发放管理

对办公用品的发放管理，要建立正常的发放和使用制度，要严格掌握办公用品的发放范围，根据实际需要进行发放，避免浪费。在办公用品领取和发放工作中，保管员要坚持原则，对不符合领取规定的，要做好解释工作。

四、办公用品的使用管理

办公用品的使用，一般应遵循以下四项原则：

1. 经济化原则

经济化原则要求工作人员消耗办公用品的数量必须和其工作的价值等值。如果不等值，消耗量大于价值量，则造成办公用品和经费的浪费，违反了经济化原则。

2. 有效化原则

有效化原则即行政上直接消耗的办公用品，虽然不能任意浪费，也不应一概简缩。只要使用得当，即使花费多也不能吝惜，以使办公用品发挥出最大的作用。

3. 标准化原则

标准化原则是指为了把有效化原则和经济化原则统一起来，应力求办公用品的使用合乎办公的特殊需要，并和办公地点、建筑等相适应。

4. 制度化原则

制度化原则是指要从企业的实际情况出发，公开制定办公用品的使用原则与方法，严格执行，形成稳定的制度。

第二节 办公设备用品管理制度

一、办公设备管理规定

标准文件		办公设备管理规定	文件编号	
版次	A/0		页次	

1. 目的

为保证办公设备的合理配置和使用，更好地服务于公司各项工作，特制定本管理规定。

2. 适用范围

适用于本公司所有的办公设备。办公设备是指在公司内部，为支持各项工作的正常开展配备的所有办公设备，包括：提供给员工使用的计算机及计算机外部设备、通信设备等；提供给公司内部网络使用的计算机及计算机外部设备、服务器、网络设备、通信设备等；保障公司各项工作进行的相关办公设备（复印机、打印机）及其他相关配置资源等。

3. 权责部门

办公设备的使用、管理由行政部统一负责。

4. 管理规定

4.1 办公设备添置流程

4.1.1 需添置办公设备时，由申请部门填写"设备添置申请表"，报部门经理审批后交行政部。

4.1.2 行政部在"设备添置申请表"中填写意见后交财务部核准费用预算。

4.1.3 经财务部确认费用后，由行政部将"设备添置申请表"送公司领导审批。设备费用在××元以内的由副总经理审批，费用在××元以上的须由总经理审批。

4.1.4 行政部根据批示意见，在规定的时间内完成添置及发放工作。

4.2 办公设备的领用与退库

4.2.1 办公设备属公司资产，使用者有责任和义务妥善保管、合理使用，不能随意转交他人。

4.2.2 新调入人员因工作需要领用办公设备的，须持由部门经理审批的书面申请到财务部办理领用手续。

4.2.3 由于工作变动不再需要原个人保管的物品，应及时到财务部办理退库手续。

4.3 办公设备的报修

4.3.1 所有办公设备在使用中出现的故障均须严格按办公设备报修程序进行申报。

4.3.2 申请报修的程序。

（1）员工个人使用电脑及电脑外部设备、网络设备、通信设备：报修人填写"设备报修申请单"，并与技术部网管联系，详细描述故障现象，网管认真做好记录，统筹安排人员在最快的时间内予以解决，故障解决后填写"设备报修记录单"并由报修申请人签字确认后交技术部归档保存。

（2）其他办公设备（复印机、打印机、传真机等）：出现故障，及时地与行政部取得联系，并由行政部负责解决。

4.3.3 经技术部网管鉴定属下列情况造成损坏的，由责任者按物品的购置价格和使用时间、新旧程度折价赔偿。

（1）安装非工作所必需的软件所引起的故障。

（2）私自拆装计算机。

（3）使用不当造成的计算机及网络故障。

（4）人为损坏。

物品损坏赔偿折价表

单位价格	赔偿额度（按原价）					
	使用年限	赔偿比例	使用年限	赔偿比例	使用年限	赔偿比例
小于 200 元	1 年	80%	2 年	75%	3 年	50%
200 ~ 500 元	1 年	90%	2 年	80%	3 年	70%
200 ~ 1000 元	1 年	95%	3 年	80%	5 年	65%
1000 元以上	1 年	100%	3 年	90%	5 年	80%

注：赔偿比例以物品折旧后的价值为标准；财务折旧率以每年折旧 20% 计。

4.4 办公设备报废

4.4.1 凡属正常磨损或工作中发生意外情况造成个人在用办公设备损坏的，由使用者填写"设备报废申请单"，说明原因和理由，并由技术部网管签署鉴定意见。

4.4.2 使用者将"设备报废申请单"报部门经理审批后交财务部审核。

4.4.3 单位价值在 ×× 元以下的由主管副总经理签批，×× 元以上的由总经理审批后办理报废手续，进行账务处理，并办理补充新品的领用手续。

4.5 办公设备丢失

因个人原因造成办公设备丢失的，由责任人按设备净值赔偿。

4.6 办公设备的检查与监督

各部门经理应严格控制个人在用办公设备的领用，对其使用和保管进行监督，行政部有权对个人在用资产随时进行抽查，并对违反规定者予以相应处罚，保证公司资产的完整和合理使用。

4.7 办公设备暂借

4.7.1 公司内办公设备暂借：由申请人在"设备借用登记表"上登记，经行政部核实及主管领导批准后，在公司办公资源许可的条件下，予以解决。

4.7.2 公司外办公设备暂借：暂借办公设备（特指复印机、打印机、及投影仪）需带出公司使用的，除按照公司要求申请外，还需报请行政部经理批准。

4.8 各类设备日常使用的管理

4.8.1 空调。

（1）空调的使用应本着节约能源、合理使用的原则。

（2）独立办公区室的空调器由使用人自行管理，外出办事时须关闭空调。

（3）各会议室的空调器由开会或使用的人员负责开放，会议结束时务必及时地关闭空调。

（4）前台文员在每天下班前需定期检查各区间的空调使用情况，有人员在使用时需及时地提醒，下班最后一个离开公司的人员也需对各场所的电器及空调使用情况进行检查。

4.8.2 打印机。

（1）各部门专用打印机置于各部门办公区域使用。

（2）打印纸的存放应分为新纸和已用纸两类，除对外正式文件外，公司内部文件的纸张一律采用双面打印，原则上打印非正式文件先用已单面使用的旧纸。

（3）员工不得利用公司打印机打印私人文件，违反此规定者一次罚款××元；如确实有需求可向行政部和部门经理提出个人申请，并获批准后方可打印。如打印页数或次数较多，公司会参考市场价收取相应的费用，收取费用进入员工活动经费。

4.8.3 复印机。

（1）复印纸的存放应分为新纸和已用纸两类，除对外正式文件外，公司内部文件使用双面复印（或废纸再次利用）。

（2）员工不得利用公司复印机复印私人文件，违反此规定者一次罚款××元；如确实有需求可向行政部提出个人申请，获批准后方可复印。如发送复印页数或次数较多，公司会参考市场价收取相应的费用，收取费用进入员工活动经费。

4.8.4 计算机。

（1）硬件管理。

① 公司个人电脑的资产管理由行政部负责，所有电脑软硬件的采购及使用均需经公司行政部审核，由行政部联系特约维修单位负责日常维护及修理。

② 为便于对公司固定资产的管理，公司员工在电脑分配上需服从行政部分配，在整机或配件需要更换时需向行政部提交申请，变更电脑配置。

③ 除行政部网管员外，任何人不得随意拆卸所使用的计算机及相关设备。

（2）软件管理。

① 任何计算机需要安装专业软件时，均由使用人提出安装专业软件申请，经部门负责人及行政部同意后，由行政部指定专人负责安装。

② 所有计算机均不得安装游戏软件。

③ 计算机关键数据由行政部定期安排备份，数据根据级别进行保管；个人级别数据由个人负责保管，部门级别数据由部门资料员进行保管，公司级别数据由行政部档案专员进行保管。

④ 公司员工在公司工作期间的所有业务电子文档所有权及知识产权归属于公司，任何人在离开公司时，在本部门工作交接中均应提交这部分文档。

（3）互联网使用。

① 公司互联网是用来为公司的利益服务的，用于从事与公司经营有关的活动，包括传送信息给客户、关联单位、个人以及搜集各种与公司业务相关的信息资料等。

② 员工在互联网上交流的时候，应使用公司指定的网址。员工所有的工作交流均代表了公司的企业形象，因此，员工必须遵守公司的行为准则以及公司的商业机密保护规定。

③ 利用公司的网络来发送电子邮件、传送文件和其他任何活动都不具有个人保密性，员工不想公开的信息都不应通过互联网传送。

（4）计算机安全。

① 对于联网的计算机，任何人在未经行政部同意的情况下，不得向计算机网络服务器拷入软件或文档。

② 公司员工使用外来软件或其他电脑配套设备需经行政部指定专人检测许可后才能使用。

③ 计算机使用人在每日下班离开前应退出系统并关机，任何人未经保管人同意，不得使用他人电脑。

④ 员工的个人电脑密码应定期更换。

⑤ 由行政部指定专人负责公司范围内所有计算机的病毒防护工作。

⑥由行政部网管员起草防病毒作业计划（含检测周期、时间、方式、工具、责任人），报部门经理审批后执行。

⑦由行政部主管负责对防病毒措施的落实情况进行监督。

（5）计算机硬件保养。

①网管员在拆卸计算机时，必须采取必要的技术与安全措施，在作业完成后或准备离开时，必须将其复原。

②各部门负责人认真落实所辖计算机及配套设备的使用和保养责任，各部门负责人须采取必要措施，确保所用计算机的外设始终处于整洁和良好的状态。

③对于关键的计算机设备应配备继电保护电源。

④员工对计算机的使用、清洁、保养负直接责任，部门负责人负责协助行政部进行定期检查，及时发现和解决问题。

（6）罚则。

①由于电脑设备是公司办公必不可少的工具，因此，公司将电脑的管理纳入对个人及部门经理的考核范围之内。

②凡出现下列情况，行政部将对当事人及直接领导人给予行政及经济处罚（最低为××元，不设上限）：

　a.私自安装、拆卸及更换电脑配件。

　b.私自安装和使用与工作无关的软件或游戏。

　c.长时间离开却未退出系统或关机。

　d.计算机设备使用人移交信息没有及时通知行政部登记。

　e.擅自使用他人电脑或外设造成不良影响。

③由于违章作业、保管不当、擅自安装使用硬件和电气装置，造成硬件的损失或丢失的，由当事人按原价或加倍赔偿。

④行政部网管员对公司电脑系统的保密工作未能尽到职责的，将根据给公司造成的损失与情节轻重追究有关人员的各项责任。

4.8.5　其他专用设备。

（1）其他专用设备由使用部门委派专人负责保管。

（2）使用部门应制定标准的操作规程，使用人员必须按操作规程使用。

（3）为设备提供规定的专业使用环境，并保持设备外观及环境的清洁。

（4）随时监测设备的各项性能指标，保证其安全正常使用。

（5）及时反映设备故障，由使用部门协助行政部安排维修。

（6）坚持定期保养，延长设备的使用寿命。

（7）做好设备使用及维护的各项文字记录。

| 拟定 | | 审核 | | 审批 | |

二、办公设备、耗材管理办法

标准文件		办公设备、耗材管理办法	文件编号	
版次	A/O		页次	

1. 目的

为了有效地管理好公司固定财产，规范办公设备、办公耗材的申请、采购、领用程序，有效地控制公司办公费用的增长，保障公司日常办公耗材的正常供应，特制定此办法。

2. 适用范围

本办法适用于公司办公设备的使用，包括电脑的零部件（非整套）及电源、显示卡、声卡、内存条，打印机的墨盒，复印机的碳粉，办公用具，清洁工具等。

3. 职责

3.1 行政部

零星耗材的购买；对办公设备、耗材的采购进行审核，并监督网络管理员、前台文员做好登记、采购、领用、盘点等工作。同时，行政部也是公司办公设备、耗材的第一责任人、奖惩的承担者，负责在月末将当月采购办公用品等情况制作成"采购、领用、库存汇总表""部门领用汇总表""库存盘点表"交财务部。

3.2 网络管理员

负责对办公设备、电器耗材的采购、保管、分发、登记与盘点，以及办公设备的维修与联络送外维修。

3.3 前台文员

负责对复印机、打印机的耗材和纸质办公材料的申购、保管、分发及盘点。

3.4 各部门经理

按照财务部所规定的指标费用，有效、合理地审核申请与控制领用。

3.5 财务部

负责办公设备、耗材的费用预算与统计，并及时地反馈责任部门的费用指标信息。

4. 管理规定

4.1 办公设备、耗材采购申请、审核及批准责任人

办公设备、耗材采购申请、审核及批准责任人

类别	设备、耗材分类	申请	审核	批准
第一类	电脑、打印机、复印机、电话、路由器等网络设备	部门经理	分管领导	总经理

135

续表

类别	设备、耗材分类	申请	审核	批准
第二类	墨盒、电源、显示卡、内存条等	使用人员	部门经理	分管领导
第三类	纸张、圆珠笔、笔记本等	前台文员	部门经理	分管领导
第四类	清洁用具：拖把、扫把、簸箕、毛巾、清洁水桶、垃圾桶、垃圾袋等	前台文员	部门经理	分管领导

4.2 办公设备、耗材的申请

4.2.1 按照上表，由相应的责任人填写"物品申购单"，注明物品名称、采购数量，第一类先交网络管理员进行询价，并将询得的价格填到"物品申购单"中，交分管领导审核、总经理批准。

4.2.2 按上述规定的程序进行申请，未经批准权限人员签字的申请单，网络管理员有权不予采购，给予拒绝。

4.3 办公设备、耗材的购买

4.3.1 第一类：网络管理员根据所申请的物品名称进行不少于2家的询价，择廉购之。要求必须附带有产品说明书、保修卡，并保管好。然后，在供应商技术人员的指导下对责任人（操作员）进行新购设备使用流程与操作方法的培训。

在后续的工作中，如办公设备出现故障，则应先查阅产品说明书，试着能否自行解决；如无法自行排除故障，即按照保修卡的时间联络供应商进行维修，保修期内免费服务，超出保修期的则洽谈合理的维修费用。

4.3.2 第二类：由网络管理员选择两家供应商备案，再择廉购货。购买墨盒，一次不能超过10套，超过时必须先行汇报，得到上级许可后方可采购；对长期合作的供应商采取月结的形式进行合作。

4.3.3 第三类与第四类：由行政部事先确定两家具有竞争力的供应商，待"物品申购单"获批后，前台可直接与供应商联系供货。

4.4 办公设备、耗材的保管

4.4.1 第一类：购买回厂后，由网络管理员录入"办公设备台账"中，由行政部经理监督实施，逾期15天未录入档案的，按××元/次处罚，每月必须进行盘点，送货单必须由网管员和领用人签字验收。

4.4.2 第二类：由网络管理实施保管（墨盒除外，由前台文员管理），对维修耗用的物品进行登记，每月必须进行盘点，送货单必须由网管员或领用人或前台文员签字验收。

4.4.3 第三类：由前台文员进行保管，一般储存在行政部资料室中，部门可以安排一人统一领取，但所领物品的名称及数量，必须由部门经理签字认可。每月必须进行盘点，送货单必须由前台文员签字验收。

4.4.4 第四类：不作库存，按需购买，到厂即领，送货单必须由前台文员和领用人签字验收。

4.5 办公耗材、办公用品的预算

4.5.1 由财务部根据上年与前段时间各部门产生的费用进行评估，给出一定的合理费用指标。

4.5.2 在没有具体的费用指标时，归口部门应参考原始的数据进行评估，财务部有义务与责任监督相关耗材费用的产生项目，对明显上升的费用及时提出警示。

4.6 办公设备、耗材的领取

4.6.1 第一类、第二类：当事人在领取与领用时，一定要填写清楚物品名称、物品数量、领用时间与领用人，由网络管理员负责保管与分发。

4.6.2 第三类、第四类：由前台文员负责保管与分发，前来领取的部门人员要填写清楚名称、数量、时间、领用人。

4.7 办公设备、耗材的盘点

4.7.1 每个季度末，由网络管理员对所有的办公设备按照"办公设备台账"进行盘点；对库存的办公耗材进行盘点，并填写"盘点表"。如无异常则签上名字与时间，确认已盘点，如发现盘点与领用有出入或差异时，应向行政部经理报告，商谈追查、处理办法。

4.7.2 每个季度末，由前台文员对办公用品进行盘点，制作报表，并行政部审核。

4.8 办公设备、耗材费用的统计与反馈

4.8.1 财务部应根据上年或前段时间各部门产生的费用进行统计分析，下达各部门的办公耗材费用指标。

4.8.2 每月对各部门的办公耗材进行统计，对超过预算的项目或部门，及时地反馈超标信息，及时地控制并提出解决方案。

4.9 奖惩规定

4.9.1 行政部经理作为第一责任人实施考核。超支时扣取超出费用的×%；节余时奖励节约部分的××%。无指标时不作考核，视实际费用产生情况而定。

4.9.2 经行政部汇总的各部门领用情况，奖惩也同上述规定执行。

4.9.3 归口单位与责任部门的奖惩不重复考核，能分解的考核责任部门，不能分解的部分考核行政部经理。

| 拟定 | 审核 | 审批 |

三、办公用品采购、领用制度

标准文件		办公用品采购、领用制度	文件编号	
版次	A/0		页次	

1. 目的

为了加强企业专业化、规范化管理，保障日常办公需求，控制费用支出，特对办公用品实行统一采购、统一保管的管理制度。

2. 适用范围

适用于公司办公用品的采购、领用管理。

3. 管理规定

3.1 办公用品的范围

3.1.1 耐用办公用品，分为常用品和非常用品。

（1）常用品包括座式电脑、电话、计算器、订书机、文件栏、文件夹、笔筒、打孔机、剪刀、裁纸刀、直尺、起钉器等。

（2）非常用品包括笔记本电脑、移动硬盘、U盘、鼠标、照相机、摄像机、其他电子通信用品等。

3.1.2 易耗办公用品，分为部门所需用品和个人所需用品。

（1）部门所需用品包括打印纸、墨盒、碳粉、硒鼓、光盘、墨水、装订夹、白板笔等。

（2）个人所需用品包括签字笔（芯）、圆珠笔（芯）、铅笔、笔记本、双面胶、透明胶、胶水、钉书针、回形针、橡皮擦、涂改液、信笺纸等。

3.2 办公用品的采购

3.2.1 行政部负责办公用品采购工作。

3.2.2 各类办公用品根据历史数据设立安全库存量，低于安全库存量的，应当进行采购。

3.2.3 行政专员每个季度末前进行库存盘点，通知各部门提交"办公用品采购申请单"，对需要采购的办公用品进行统计，将"办公用品采购申请单"汇总交行政部经理批准后报至总经理处审批，于月底进行统一采购。

3.2.4 采购完成后，交行政部经理进行验收后入库登记，填写"办公用品入库统计表"。

3.2.5 采购审批程序。

（1）各部门根据实际需要，确定采购办公用品的品名、规格型号和数量后，填写"办公用品采购申请审批表"报部门相关人员处。

第七章 | 办公设备用品管理

（2）行政部每个季度末前统一将各部门的"办公用品采购申请表"进行汇总，由部门经理报总经理审批。

（3）审批后，由行政部相关人员核算价格后联系采购。行政部采购人员需按质优价廉的宗旨进行购买。报销办公用品采购费用时，必须把所有办公用品明细费用标准写清。

（4）大宗物品报主管总经理审批，并由总经理核算价格后方可购买。

3.3 办公用品的领用

3.3.1 耐用办公用品的领用。

（1）常用品。员工入职办理好入职手续后到行政部领取，填写"办公用品领用表"，入员工个人档案保存。

（2）原则上常用品在今后工作中不再发放，如因损坏需要更换的，必须以旧换新。

（3）非常用品。原则上以借领的形式填写"重要办公用品借用登记表"，在借领时间到后必须归还。

（4）如长时间持有非常用品的，应先归还至行政部后再填写"办公用品领用表"继续领用，入员工个人档案保存。

（5）耐用办公用品领取后，行政部需要做好登记，并填写"办公用品领用表"。

3.3.2 易耗办公用品的领用。

（1）部门所需用品。由各部门负责人于每月10日前到行政部处领用，填写"办公用品领用表"，由行政部相关负责人领取后交于领用人。

（2）个人所需用品。由公司员工到行政部处领用，填写"办公用品领用表"，由行政部相关负责人领取后交于领用人。

3.3.3 办公用品领用登记后，前台进行出库统计，填写"办公用品出库统计表"。

3.4 办公用品的保管

3.4.1 根据办公用品的类别、品种分类放置、保管；办公用品不能丢失、损坏。

3.4.2 办公用品不能占为己有，不能带回家中。

3.4.3 行政部办公用品相关负责人，于每月25日前做好办公用品盘存工作，必须账物相符。

3.4.4 行政部于每个季度初，将上月"办公用品管理使用报表"报总经理进行审核。

3.4.5 与办公用品有关的书面、电子材料，必须保管好，每月进行整理。

139

3.5 其他事项

3.5.1 行政部办公用品负责人要加强责任心，认真做好办公用品的保管和分发，并及时向行政部经理报告库存情况。

3.5.2 本着节约与自愿的原则，可不领用或少领用的应尽量不领用或少领用。

3.5.3 耐用非常用品，员工借领后如损坏、丢失的，应当修复；其他耐用品损坏的应当以旧换新，丢失的，应当自购。

3.5.4 行政部对于某些耐用品应当做资产登记的，必须进行资料登记，进行标示。

3.5.5 办公用品一般由行政部向批发商采购，或建立长期定点配送采购关系，方便采购与管理。

3.5.6 员工离职时，办理离职交接当天必须根据"办公用品领用表""重要物品借用登记表"将相关物品交还公司，前台做好登记。

拟定		审核		审批	

第三节 办公设备用品管理表格

一、办公设备添置申请表

办公设备添置申请表

需求部门		申请人		日期	
设备名称	型号及规格	月度内预算（是/否）	数量	单价	总金额
					合计

申购原因：

申请人： 日期：

续表

部门经理意见：		
	签名：	日期：
库存情况：		
行政部意见：		
	签名：	日期：
财务部意见：		
	签名：	日期：
主管领导意见：		
	签名：	日期：

注：申请人填写表中的"申购原因"并经部门经理签署意见后交行政部，由行政部执行申请程序并将结果反馈给申请人。

二、办公设备购买申请表

办公设备购买申请表

设备名称		型号		配置		
单位		单价		数量		总价	
申请说明						
申请部门			领导意见			
部门负责人						

三、办公耗材购买申请表

办公耗材购买申请表

物品名称	型号	规格	单位	单价	数量	总价
耗材使用情况说明						
申请部门				领导意见		
部门负责人						

四、办公设备报修申请单

办公设备报修申请单

部门		姓名		报修时间	
设备名称				设备资产编号	
故障现象					
部门负责人意见					
网管鉴定结果					

五、办公设备报修记录表

办公设备报修记录表

设备名称/编号	部门	姓名	报修时间	故障现象	开始解决时间	经手人	解决结束时间	解决方法

六、办公设备报废申请单

办公设备报废申请单

申请人：　　　　　　　　　　　　　　　　　　　　　　　　　申请日期：

固定资产名称及编号	规格型号	单位	数量	预计使用年限	已使用年限	原始价值	已提折旧额
设备状况及报废原因							
处理意见	使用部门		技术部网管		财务部门		审批意见

七、设备借用登记表

设备借用登记表

设备名称/编号	借用人	部门	借用时间	归还时间	管理员

八、办公设备管理卡

办公设备管理卡

购入日期	部门编号	耐用年数	购入编号	办公设备管理卡		启用日期	
办公用具编号（编号 No.）：			型号（编号 No.）：	购买厂商（编号 No.）：			
^			^	购入厂商地址和电话：			
购买金额：			购买日期：	^			
^			^	购买数量		耐用年数	折旧率%
	折旧年度	折旧金额	保留价格	记账人	保管修理日期	保管修理记录	负责人
折旧记录栏（定率法、定额法）							
^							
^							
^							
^							
^							
备注：					使用部门：	检验人	经办人

九、办公用品季度需求计划表

办公用品季度需求计划表

部门：　　　　　　人数：　　　　　　　　　　　　　第　　季（　月　日）

个人领用类								业务领用类						
办公用品名称	代号	单位	数量	单价	金额	备注	办公用品名称	代号	单位	数量	单价	金额	备注
小计							小计						
预算全额： 实际全额：				部门主管			经办人						

十、办公用品请购表

办公用品请购表

办公用品名称	规格	用途	使用部门	本次购买数量	估计价值	上次购买		备注
						时间	数量	
请购部门主管意见				行政部经理意见				总经理意见

十一、办公用品盘存报表

办公用品盘存报表

编号	名称	规格	单位	单价	上期结存		本期入库数	本期发放数	本期结存		备注
					数量	金额			数量	金额	

行政部经理：　　　　　　　　　　　　保管员：

十二、办公用品领用表

办公用品领用表

部门：　　　　　　　　　　　　　　　　　　　　　　　　　　日期：

品名	请领数量	实发数量	用途	备注

行政部经理：　　　　　　部门主管：　　　　　　申领人：

十三、办公用品耗用统计表

办公用品耗用统计表

| 部门 | 代号 | | | | | |
	名称					
上月耗用金额						
本月耗用金额						
差异额						
差异率（%）						
说明						
备注	差异额为本月耗用金额减上月耗用金额的代数差					
行政部经理			总经理			

十四、办公用品发放统计表

办公用品发放统计表

年度： 　　　　　　　　　　　　　　　　　　　　　　　　　编号：

分类	品名	1	2	3	4	5	6	7	8	9	…	12	合计	备注
消耗品														
管制消耗品														
管制品														

行政部经理： 　　　　　　　　　　　　　　　　　　　　　保管员：

第八章

环境卫生管理

第一节　环境卫生管理要领

一、办公区的环境卫生管理

办公区的环境管理是一项由企业行政部门推动、全员参与的活动。其内容不仅包括环境卫生，还应该包括工作的规律化、用品工具摆置的固定化、环境的整洁化等。日本企业较早推行的"5S"运动，就是一个很好的管理方法。5S管理内容具体如下：

1. 整理

将办公区内杂乱无章的部分加以收拾、分类、废弃等。

（1）个人部分的桌面、桌底、抽屉、橱柜等以及公用部分的储藏室、会议室、档案室、洗手间、饮水间、复印室、仓库等，都应逐一收拾、清理。

（2）把不需要的、过时的、作废的、破损的资料、档案、书籍、杂志、手册、物品文具等清理出来。

（3）该丢弃的丢弃、该变卖的变卖、该撕毁（用碎纸机）的撕毁，使空间腾出来，把需要的、完好的、常用的、不常用的一一给予分类。

2. 整顿

把空间重新分配并给予系统化、规律化、固定化。

3. 清扫

如果说整理是针对"乱"，那么，清扫则是清除"脏"。办公区环境中的垃圾区、卫生间等都是藏污的地方，如果不常清扫，将会严重影响办公环境。

4. 清洁

清洁主要包括以下几个方面：维持整理、整顿、清扫后的成果，并坚持下去；寻找脏乱的原因，杜绝脏乱的源头。

5. 素养

5S管理的最终目的就是要让大家养成良好的工作和生活习惯。有了好的习惯，自然就不会出现脏乱问题。

（1）物归原位，工具、文具、档案、资料用完后就回归定位，将来需要时就不会找不到；不要乱丢废弃物。

（2）开完会议随手将纸、杯带走，将椅子摆放整齐。
（3）印错、作废的复印件放置在固定纸箱内，可供行政办公部门再利用。
（4）饮水机上不要倾倒他物等。

二、生活区的环境卫生管理

生活区的环境卫生管理主要包括以下几方面的内容：

1. 宿舍区的环境卫生管理

宿舍区的环境卫生管理细分到公用楼梯间、走廊通道、公用厕所、水沟、宿舍室内、阳台等。室内和阳台卫生一般由住宿员工自行负责，其他地方设专职清洁人员打扫。

2. 餐厅区的环境卫生管理

餐厅内的环境卫生一般由餐厅工作人员负责。企业专职清洁人员一般不干涉餐厅内的卫生，只负责餐厅外围，如水沟、走廊的清洁工作。

3. 娱乐场所的环境卫生管理

有些企业为了解决员工下班后的业余文化生活问题，建立了一些内部的休闲场所。对这些场所的清洁作业，一般由娱乐场所的工作人员负责。

4. 福利社区的环境卫生管理

福利社区的环境卫生跟宿舍的环境卫生管理相同，如医务室、小卖部、理发室等的室内卫生由福利社区的工作人员自行负责。原则上，走廊、水沟的清洁工作可由清洁组负责。

第二节 环境卫生管理制度

一、公司办公室 5S 管理办法

标准文件		公司办公室5S管理办法	文件编号	
版次	A/0		页次	
1. 目的 为创建文明、整洁、规范的办公环境，建立和维持一个有序、高效、安全的｜｜｜｜				

工作环境，提高办公效率，实现办公场所 5S 定置管理，特制定本管理办法。

2. 适用范围

本管理办法适用于本公司办公大楼区域、技术中心办公楼区域办公室。

3. 术语

3.1 5S：指整理（清除闲置物品）、整顿（定置管理）、清扫（检查和清扫灰尘/油污/垃圾）、清洁（维持工作场所良好卫生）、素养（自律，提高个人修养）。

3.2 定置管理：按照使用频率为需要的物品指定存放位置，画上投影线或定置标记，贴上标签，使物归其位。

4. 职责

4.1 综合管理部：承担全公司办公 5S 管理的归口管理职能，组织制定公司办公 5S 管理办法，指导各部门绘制本部门办公定置图；组织公司各部门实施公司办公 5S 管理并对各单位执行情况进行检查与考核；负责对各部门办公定置图的审定、办公标准设施的配备及特殊配置的审批。

4.2 其他各相关职能部门：负责参照本办法的管理要求及 5S 定置管理的原则，结合本部门工作区域办公室的实际情况绘制本部门办公定置图并按要求实施和检查。

5. 管理内容

5.1 定置标准

5.1.1 办公室物品配置及定置标准。

（1）卡座办公桌桌面定置物品：一部电脑、一个笔筒、一个文件盒、一本台历、一个口杯、一部电话（需要时）。打印机可定置摆放，其他物品不得摆放。

（2）卡座办公桌桌面物品定置位置，见附件 1。

（3）非卡座办公桌（电脑桌）桌面定置物品：一部电脑、一个笔筒、一个文件盒、一个口杯、一部电话（需要时）。打印机。定置摆放，其他物品不得摆放。

（4）非卡座办公桌桌面物品定置位置，见附件 1。

（5）办公室地面需定置的物品，见附件 2。

（6）办公室地面物品定置位置：各部门根据办公室的具体情况制作物品摆放定置图，按照审定后的定置图进行定置管理。

（7）会议室（含培训室）的定置管理。

① 会议桌桌面定置物品：电源线、网线、电话线、电脑、电话、话筒、音响、激光笔、桌签。

② 会议室（含培训室）地面需定置的物品，见附件 2。

③ 会议室（含培训室）地面物品定置位置：各部门根据会议室（含培训室）的具体情况制作物品摆放定置图，按照审定后的定置图进行定置管理。

5.2 管理要求

5.2.1 各职能部室按照办公定置图和5S管理要求对本单位的办公区域进行布置。办公室、会议室等物品定置以后，严格按照定置摆放，各单位不得随意移动。确需调整定置图，需专题报告并附新的办公定置图报综合管理部审批后方可实施。

5.2.2 办公室（含会议室等）墙面、管线等要求。

（1）墙面、卡座屏风、椅子靠背不能张贴、悬挂纸张物品，如有特殊需求，需经综合管理部审核通过后方可。

（2）窗台上可适量摆放花盆，须定置管理。其他物品不得摆放窗台。

（3）电源线、电话线、网络线，按照公司职能部门已经排定的管线使用，不得擅自更改。

5.2.3 办公室文件资料摆放。

（1）各类文件、资料分类摆放在立式文件盒及资料柜内。

（2）各类工具书、书籍、报刊分类摆放在文件柜和办公桌抽屉内。

（3）资料柜内的资料、台账、文件、报表、记录、图纸等要分类放置，保持整洁、有序、方便取用查找的状态；文件柜上面不得放置物品。

5.2.4 办公室个人用具的管理。

（1）外衣、手袋、手套等个人用具及生活用具放入柜内摆放，禁止摆放在办公桌面、屏风隔板、桌面和座椅上面。

（2）工作帽、安全帽、工作鞋等个人劳保用品须定置摆放。

5.2.5 工作完毕后的桌面整洁及日常管理

（1）非办公时间，桌面除文件盒存装的文件资料以外，一律不摆放文件、书报、资料等。

（2）办公桌面禁止铺盖玻璃板、日历画册等物品。

（3）工作人员离开办公桌时，将座椅调正归位（将椅子紧靠桌沿摆放）。

（4）办公室工作人员、会议室（含培训室）日常管理人员，每日开展卫生清洁，地面、桌椅、门窗、墙壁做到整洁干净，无灰尘、无杂物。

（5）办公室工作人员、会议室（含培训室）日常管理人员下班离开办公室时，须关好门窗，关闭饮水机、电脑、照明灯等电器设备电源。

5.3 检查与考核

综合管理部负责组织相关部门，每月对公司各部门办公室、会议室等办公场所的定置管理进行不定期检查并出具书面检查情况通报，对违反办公5S定置管理的部门按本办法的管理内容给予考核。

6. 附则

本办法由综合管理部起草并负责解释，经审核批准同意发布，自发布之日起正式生效，修改时亦同。

附件1：

定置标识及桌面物品定置位置（尺寸）标准

一、桌面物品定置标识及定置方法示意图

桌面物品用长宽为 40mm×10mm 的蓝色或灰色（浅黄办公桌面的用灰色，灰白办公桌面的用蓝色）即时贴定置物品的四个角，或用宽度为 10mm 的蓝色即时贴定置物品的轮廓，或用物品的蓝色投影进行定置，如下图所示。

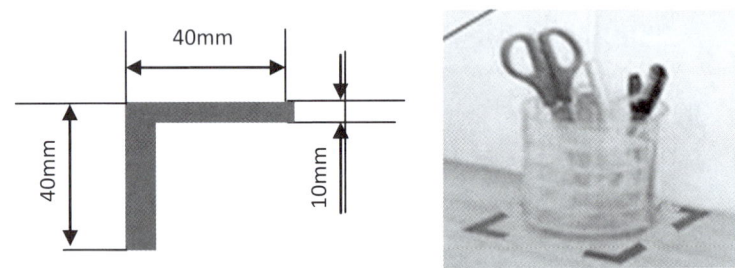

二、地面物品定置标识及定置方法示意图

地面物品用长宽为 90mm×25mm 的蓝色即时贴定置物品的四个角，如下图所示。

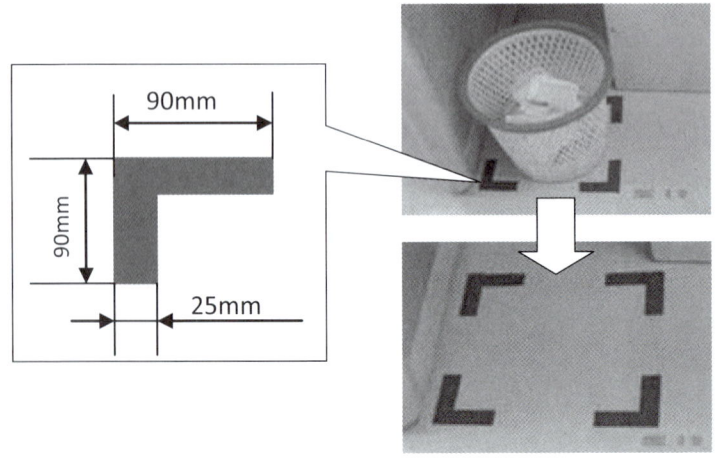

三、桌面物品定置实物照片（仅供参考）

四、办公桌面物品定置位置（尺寸单位：mm）示意图

（注：1.电脑主机放置于办公桌下左边位置、垃圾篓放置于办公桌下右边位置，产品开发部卡座根据办公桌实际情况摆放。2.定置物品放置于桌面相对应位置的中心点上，在距离实物100mm处贴上定置标识。3.非卡座办公桌面物品定置参照图三标准执行。）

图一：

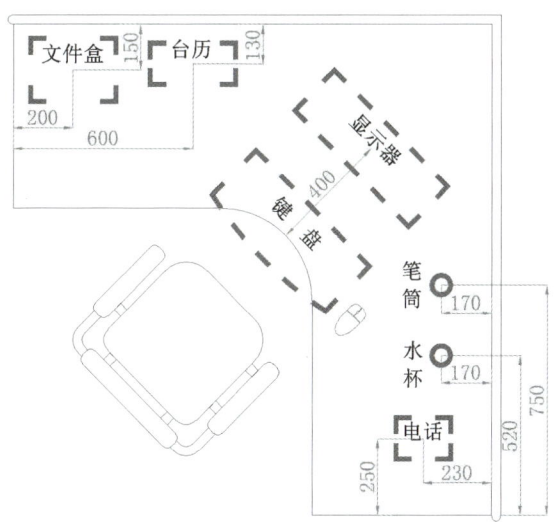

图二：

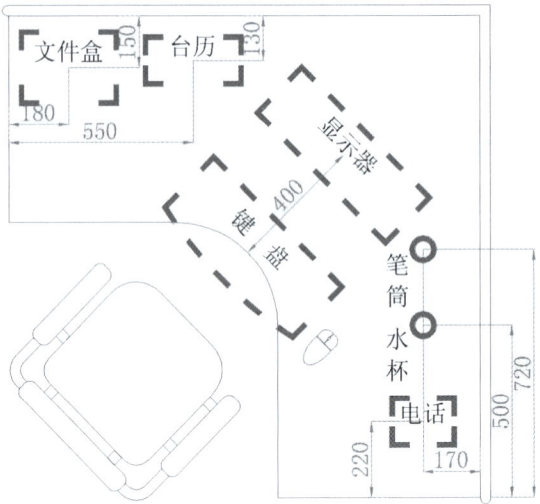

图三：

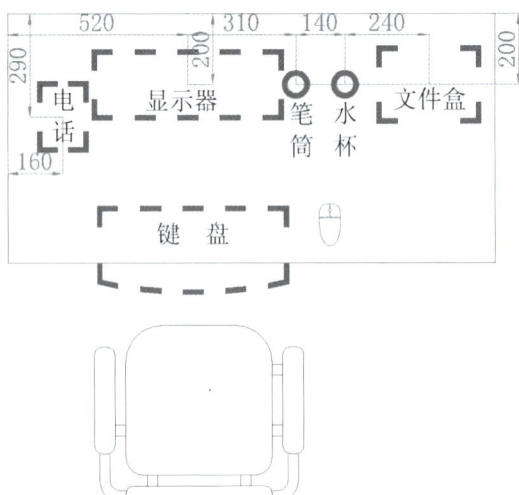

图四：

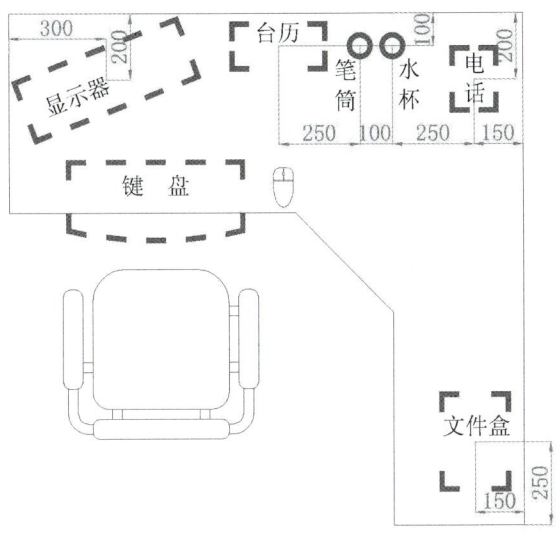

附件2：

定置物品及配备标准

序号	物品名称	规格	单位	配置标准	备注
1	卡座办公桌A	1600×1600×1200	张	张/人	地面
2	卡座办公桌B	1400×1400×1200	张	张/人	地面
3	卡座办公桌C	1350×1350×1100	张	张/人	地面
4	卡座办公桌D	1580×1540	张	张/人	地面
5	非卡座办公桌（电脑桌）	1400×700×760	张	张/人	地面
6	办公椅		把	把/人	地面
7	书柜A	2000×900×400	组	组/2人	地面
8	书柜B	1800×900×400	组	组/2人	地面
9	资料柜及其他规格柜子		组	按需	地面
10	会议桌	2400×1200×760	张	张/部级	地面
11	会议桌	1800×1200×760	张	张/部级	地面
12	其他规格会议桌		张	按需	地面

续表

序号	物品名称	规格	单位	配置标准	备注
13	会议椅		把	随会议桌配置	地面
14	茶水柜		张	按需	地面
15	裁图桌		张	按需	地面
16	查阅桌		张	按需	地面
17	其他形式桌子		张	按需	地面
18	饮水机		台	台/办公室	地面
19	热水器		台	按需	地面
20	消毒柜		台	按需	地面
21	复印机		台	按需	地面
22	废纸篓		个	自备	地面
23	花卉		盆	自备	地面
24	电脑		台	台/人	桌面
25	电话		部	按需	桌面
26	传真机		台	按需	桌面
27	打印机		台	按需	桌面
28	文件盒		个	个/人	桌面
29	笔筒		个	个/人	桌面
30	个人物品（口杯等）				

拟定		审核		审批	

二、办公室卫生管理制度

标准文件		办公室卫生管理制度	文件编号	
版次	A/0		页次	

1. 目的

为营造规范、宜人的办公环境，保持办公场所的整齐、洁净，增强员工对公司的责任感和归属感、推进公司日常工作规范化、秩序化，树立公司形象，特制定办公室卫生管理制度。

2. 适用范围

适用于本公司办公区域的卫生管理。

3. 管理规定

3.1 整体要求

3.1.1 办公室人员每日提前到达办公室，按照卫生清扫及物品摆放标准进行卫生清扫和物品整理等，要求在9：00前清理完毕。

3.1.2 员工下班后，须及时关闭门窗、各类电源开头、水龙头等设备，以防安全隐患和资源浪费。

3.1.3 办公室卫生划分为个人、公共两大区域。

（1）个人区域范围：员工个人办公及相关区域（如办公桌及地面、桌面物品、花草等），其卫生由所属员工自行管理、清扫。

（2）公共区域范围：除个人区域以外的公共卫生及相关区域（如公共地面、公共家具、会议室、卫生间、总经理办公室等），实行每日轮流值日制度，行政部每月底制定次月"卫生值日表"，办公室人员按照值日表进行卫生清扫、整理。

3.2 卫生清扫及物品摆放标准

3.2.1 地面：地面干净光洁，无瓜果皮、纸屑、其他杂物，无水迹、污渍。

3.2.2 家具：家具表面整洁干净、无污迹、无尘土，摆放整齐。

3.2.3 墙壁及天花板：墙面及天花板干净无污迹、灰尘，无蜘蛛网。

3.2.4 卫生间：卫生间保持通风，空气清新、无异味；台面、洗手盆、镜面等清洁光亮，无污物、水迹；马桶及坐垫内外要求保持干净，无黄垢、无毛发、无杂物、光亮白洁。

3.2.5 门窗：边框干净，无尘土、无水渍、无污渍等，窗帘干净，悬挂整齐。

3.2.6 饮水机：机身干净、无污渍，出水口处干净无污点；水槽内无污水、残渣并干净整洁。

3.2.7 垃圾篓：垃圾日产日清，垃圾篓内外壁要保持无污迹。

3.2.8 物品摆放：各类家具及物品摆放整齐；各类物品、书籍、资料等分类摆放整齐，不乱堆乱放；办公室物品使用完毕后需及时归放原处，保证物品摆放整齐、美观。

3.2.9 花草养护：花草要求定时浇水养护，保持水分充足，并随时清理枯叶。

3.3 卫生大扫除

3.3.1 办公室实行每周卫生大扫除制度，全体员工必须参加。

3.3.2 卫生大扫除时间：每周六下午5：00。如员工因特殊原因无法参加，需提前通知当日办公室负责人，经其同意后，方可不参加。

3.4 检查制度

3.4.1 办公室卫生实行每天检查制，如在检查过程中，发现卫生打扫不达标者，作如下惩处：

（1）初次卫生不达标者，责令其重新打扫，并进行复查，如仍不达标，在原基础之上，责令其连续3天打扫整个办公室的卫生。

（2）出现以下情况，将对责任人进行5～30分扣分处理：

① 多次卫生打扫不合格者或未打扫卫生者。

② 窗户、电脑、开关、打印机、空调、水龙头等未关闭，造成安全隐患和资源浪费者。

③ 不服从主管人员工作安排者。

④ 出现的其他类似情形。

此扣分直接和经济挂钩，每1分为××元。

3.4.2 惩处说明。

（1）规定本惩处规定的目的是监督、促进工作。

（2）违反规定时，员工签收罚款通知书，月底随考勤一同交至行政部。

拟定		审核		审批	

三、厂区环境卫生管理制度

标准文件		厂区环境卫生管理制度	文件编号	
版次	A/0		页次	

1. 目的

为加强厂区环境卫生管理的内容及检查验收标准，特制定本管理制度。

2. 适用范围

适用于厂区环境及进入厂区的人员、物料管理。

3. 职责

3.1 环卫人员：负责厂区环境（厂区道路、公共厕所、浴室、阳沟、阴沟、草坪灯、路灯、标牌及垃圾、废料、废渣堆放点）的清洁，并做好清洁记录；维护厂区环境卫生，随时检查、清理各不洁地方，保持厂区环境干净整洁。

3.2 行政部经理：负责厂区环境卫生的监督、检查。

3.3 各部门经理：监督部门员工及来访客人维护厂区环境卫生。

4. 程序

4.1 厂区环境卫生管理范围

包括：厂区道路、公共厕所、浴室、阴沟、阳沟、草坪灯、路灯、标牌及垃圾、废料废渣堆放点。

4.2 厂区环境

4.2.1 厂区内严禁吸烟，禁止随地吐痰，乱扔杂物。

4.2.2 物料和废渣必须按要求堆放，不得在其他地方任意堆放。

4.2.3 厂区下水道畅通，不得有污染源。

4.3 厂区道路

4.3.1 厂区道路保持清洁、通畅、平整，无积水、积尘，无垃圾杂物。

4.3.2 厂区内人流、物流通道严格分开，运输过程不得对环境造成污染。

4.3.3 车辆进入厂区要严格分流，即货车一律从后门进入，外观不洁车辆禁止入厂。

4.4 垃圾处理

4.4.1 生产、生活中的废弃物及垃圾必须采用有效的隔离措施，在规定的远离生产区的地点放置，不得对厂区环境产生污染。

4.4.2 行政部环卫负责人指定厂区内各垃圾、废料废渣弃放点，非指定地点不得倾倒，垃圾一律用塑料袋装好后倾倒在指定区域。

4.4.3 垃圾、废渣定期清理，每日至少一次，并由专人定时（晚间）清除，随时将盛装容器处理干净并消毒。

4.5 厂区内施工

厂区内施工必须采用有效措施将施工现场与厂区周围环境进行隔离，有明显的施工标志，不得对厂区环境、原辅料运输及产品的制造过程产生污染。

4.6 卫生设施

4.6.1 厂区要设置与职工人数相适应的卫生设施。

4.6.2 卫生设施要清洁、通畅，无堵塞物及排泄物，有专人清扫、管理，不得造成对周围环境的污染。

4.6.3 卫生间洗手设施、消毒设施健全，有专人负责消毒。

4.7 其他

4.7.1 定期对阴沟、阳沟进行冲洗，以保证水沟畅通。

4.7.2 定期用水冲洗道路、外墙面、雨篷、标牌，保证其无污染无积尘。

4.7.3 严密检查各鼠饵投放点，随时地进行清理。

4.7.4 行政部环卫人员随时地检查、清理各不清洁地方，做到一有污染，立即打扫，随时保持厂区面貌整洁。

4.8 检查验收

（1）行政部环卫人员随时自查，并做好相应的记录。

（2）每月由行政部组织各部门进行全面检查并签字。

拟定		审核		审批	

第三节 环境卫生管理表格

一、办公室卫生值日表

办公室卫生值日表

姓名	日期					
	1	2	3	4	……	31

注：如遇特殊情况需变更值日日期，由双方员工自行协商调整，如因交接不清而导致卫生未打扫者，责任由双方共同承担。

二、公共区域卫生情况检查表

公区区域卫生情况检查表

日期：

检查内容 \ 检查结果 \ 部门									备注
全面检查	墙壁								
	地面								
	门窗								
	设备								
	管辖区域								
重点检查	卫生间								
	浴室								
	库房								
	餐厅								
	环境								

注：此表一式两份，办公室和行政部各存一份。符合要求划"√"，不符合要求划"×"。对不合格项目由检查部门下发整改通知单限期整改。

三、行政部卫生状况检查表

行政部卫生状况检查表

检查项目	良好	一般	较差	缺点事实	改善事项
茶杯					
烟缸					
门					
窗					
地板					
楼道					
洗手间					
其他					

主管：　　　　　　　　　　　　　　　　检查人：

四、办公环境状况检查表

办公环境状况检查表

检查项目	良好	一般	较差	缺点事实	改善事项
办公桌面					
桌椅					
电话					
办公用具					
其他					

主管：　　　　　　　　　　　　　　　　检查人：

五、清洁卫生评分表

清洁卫生评分表

评分部门：		评分员：	日期：	时间：
评分项目		最高分数	评分	备注
一般安全		15		
消防器具		10		
走道通路		15		
工作区域整洁		15		

续表

评分项目	最高分数	评分	备注
设备维护状况	15		
办公桌椅及办公室环境	15		
环境整洁	15		
建议及评语			

六、卫生区域计划表

卫生区域计划表

部门	区域				
	走道	仓库	空地	厂外环境	水沟

七、行政部办公环境卫生检查表

行政部办公环境卫生检查表

序号	项目	分值	结果	备注
1	桌面、地面、窗台有水渍、污渍	5		
2	室内物品摆放杂乱无序	5		
3	门窗不完好、不洁净	5		
4	有卫生死角、有蜘蛛网	10		
5	地面有烟头等杂物、垃圾倾倒不及时	10		
6	桌椅橱柜有污渍尘土	10		
7	墙上乱贴乱画	5		
8	破坏公共卫生	20		
9	办公设备有尘土、清洁保养不及时	10		
10	文件杂乱无序、乱堆乱放	10		
11	长明灯等浪费现象	10		
说明：以上检查项目的分值均为单项分值。		合计		

八、宿舍环境卫生检查表

宿舍环境卫生检查表

序号	项目	分值	结果	备注
1	桌面、地面、窗台有水渍、污渍	5		
2	室内物品摆放杂乱	5		
3	床上物品混乱	10		
4	床下物品混乱	5		
5	个人物品杂乱、乱堆乱放	5		
6	饮酒、赌博、违规书刊音像	20		
7	地面有烟头等杂物、垃圾倾倒不及时	5		
8	门窗不完好不洁净	5		
9	有卫生死角、有蜘蛛网	10		
10	长明灯等浪费现象、违规使用电气、无人时电池充电	20		
说明：以上检查项目的分值均为单项分值。		合计		

九、办公环境卫生检查汇总表

办公环境卫生检查汇总表

部门	分数	突出问题

十、宿舍环境卫生检查汇总表

宿舍环境卫生检查汇总表

宿舍号码	分数	突出问题

十一、5S办公室规范检查评比表

5S办公室规范检查评比表

总得分（满分100分）：

项目	规范内容	应得分	实得分	备注
整理 20分	1. 将不再使用的文件资料／工具废弃处理	4		
	2. 将台面与办公无关的物品清理掉	5		
	3. 将长期不使用的文件资料编号归类放置于指定文件柜	2		
	4. 将经常使用的文件资料放置于就近位置	2		
	5. 将正在使用的文件资料分为未处理／已处理两类	2		
	6. 将办公室用品摆放整齐	5		
整顿 25分	1. 办公桌／办公用品／文件柜等放置要有规划和标识	5		
	2. 办公用品／文件／坐椅放置要整齐有序	3		
	3. 文件处理完后均要放入文件夹，且要摆放整齐	2		
	4. 文件夹都要有标识，每份文件都应有相应的编号	5		
	5. 办公桌及抽屉整齐，不杂乱	3		
	6. 私人物品放置于规定位置	5		
	7. 电线／电脑线用绑带扎起，不零乱，用电脑检索文件	2		
清扫 25分	1. 将地面／墙／天花板／门窗／办公台等打扫干净，无灰尘	15		
	2. 将办公室用品擦洗干净	2		
	3. 文件记录破损处修补好	2		
	4. 没有噪声和其他污染	1		
	5. 垃圾桶放在规定位置上，垃圾及时地清除	5		
清洁 10分	1. 每天上下班花3分钟做5S工作	4		
	2. 随时自我检查／互相检查，定期或不定期地进行检查	2		
	3. 对不符合的情况及时纠正	1		
	4. 清理／清扫／清洁保持得非常好	3		
素养 20分	1. 员工戴厂牌，衣服整洁得体，仪容整齐大方	10		
	2. 员工言谈举止文明有礼，不大声喧哗，对人热情大方	3		
	3. 员工工作精神饱满	3		
	4. 员工有团队精神，互帮互助，积极参加5S活动	2		
	5. 员工时间观念强	2		

第九章

车辆管理

第一节 车辆管理概要

一、车辆管理的对象

企业内部车辆的管理对象主要有以下几种：

1. 公司车
公司以业务使用为目的、以公司名义购入的车辆。

2. 准公司车、租用车
即公司以业务使用为目的、由外部租借的车辆。

3. 员工的自用车
即员工以上下班使用为目的，并以公司名义购入的车辆。

4. 员工私家车
即员工以上下班使用为目的，并以私人名义购入的车辆。

二、车辆管理的内容

企业内部的车辆管理主要涉及以下内容：
（1）新车及二手车的购买、废弃处理等有关管理，有关供给厂商及车辆的异动、登录更换等。
（2）行驶管理，包括运行目的地以及运行预定表的管理。
（3）维护和修理，是否有定期性的安全检查，有违安全时应即时维修。
（4）对车辆的损坏意外、保险契约等加保状况的管理。

第九章 | 车辆管理

第二节　车辆管理制度

一、车辆管理办法

标准文件		车辆管理办法	文件编号	
版次	A/0		页次	

1. 目的

为了统一管理公司的所有车辆，有效使用各种车辆，确保行车安全，提高办事效率，减少经费支出，特制定本办法。

2. 适用范围

适用于公司所有车辆的管理。

3. 管理规定

3.1 车辆管理

3.1.1 行政部负责所有车辆的管理工作，包括车辆调派，维修保养，费用预算、核准，车辆年检及证照管理，投保、续保与出险索赔及司机管理。

3.1.2 公司根据实际工作需要及其他特定原因对认定人员根据协议配备工作用专车，实行月费用包干，额度内凭票据报销，超过部分个人自理。公司认定特配部门使用的专车费用由公司稽核报销。

3.1.3 其他部门及人员原则上均不配置专用车辆，确需配置的，须由其部门主管或个人以书面报告形式报公司行政部，由公司总经理审批，经批准同意后方可配置，并严格执行费用预算，超出预算的费用需经总经理审批后方可报销。

3.1.4 公司所有车辆原则上必须由公司专职司机（含专车使用人）驾驶，公司其他持有驾照人员驾驶公司车辆公出或私用必须按规定填写"车辆使用申请单"，经批准后方可使用。无驾照人员严禁驾驶公司车辆。专职司机应每周定期对公司车辆进行检查和保养，确保行车安全。

3.1.5 车辆行驶证，属专车的日常由专车使用人负责保管，如专车使用人出差或休假，需将专车车辆行驶证及车辆钥匙交由行政部保管；保险单由行政部统一保管，按车建立资料、费用档案。

3.1.6 每车设置"车辆行驶记录表"，当班司机使用前应核对车辆里程表与记录表是否相符，与前一次用车记录是否相符，使用后应记载行驶里程、时间、地点、用途、费用明细等，将发生的票据编号整理，以备报销时核对。

167

3.1.7 车辆每日使用完毕和节假日应停放在公司指定场所，并将车门锁好，将钥匙交回给行政部保管。

3.1.8 每车设置"车辆加油记录表"，经手驾驶员在发现车辆油量不够需加油时，凭公司统一发放的针对每辆车配置的加油卡加油，同时在"车辆加油记录表"上做好记录以备查。

3.1.9 行政部人员每月不定期抽查一次，如发现记载不清、不全或者未记载的情况，应通报司机并对相关责任人提出批评，不听劝告、屡教屡犯者应给与处分，并停止其使用资格。

3.2 车辆使用

3.2.1 车辆使用范围。

（1）公司员工在本地或短途外出办事、联系业务。

（2）接送公司宾客。

（3）专车专用。

3.2.2 车辆使用程序。

（1）车辆使用实行派车制度。

①属个人使用的专车由使用人自行驾驶，一般不纳入调派，如专车使用人出差或休假，专车由行政部调派；属部门使用的专车使用实行报备制度，只需填写"车辆使用申请单"，由部门领导签字确认，出车前交行政部备案。公务车由行政部统一调派。

②公务用车，使用人向行政部提出申请并填写"车辆使用申请单"，说明用车事由、地点、时间等，部门经理签字后交行政部负责人审批调派。行政部负责人依重要性顺序派车，各部门用车不得直接与司机联系，不按规定办理申请者，不得派车。车辆使用申请尽量做到当班用车1小时前申请，下午用车上午申请，次日用车当日申请，夜间用车下班前申请，集体活动用车两天前申请，以便统一安排。

③由行政部将"车辆调派单"交与司机，司机根据"车辆调派单"予以出车。

④遇紧急情况或突发事件可随时派车。事后一天内由使用人补办手续。

⑤任何人均依上述程序申请派车，否则不予派车，司机不可擅自出车。

（2）司机按用车人员的目的地行车。行车前需选择好最佳路线。对同一方向、同一时间段的派车要求尽量合理，减少派车次数和车辆使用成本。

（3）用车完毕，司机填写用车实际情况记录，使用人在"车辆行驶记录本"上签字确认。

3.2.3 车辆驾驶人员必须持有驾照，熟悉并严格遵守交通法规。

3.2.4 驾驶人员于驾驶车辆前，应对车辆做基本的检查（如水箱、油量、机油、刹车油、电瓶液、轮胎、外观等）。如发现故障、配件失窃等现象，应立即报告，隐瞒不报而由此引发的后果由驾驶人员负责。

3.2.5 驾驶员不得擅自将公用车开回家，或做私用，违者受罚，经公司特别批准的除外。

3.2.6 车辆应停放于指定位置、停车场或者适当的合法位置。任意放置车辆造成违反交规、损毁、失窃，由驾驶人员赔偿损失，并予以处分。

3.2.7 驾驶人员应爱护车辆，保证机件、外观良好，使用后应将车辆清洗干净。

3.3 维修保养

3.3.1 本公司的车辆的维修保养，原则上按照车辆技术手册执行各种维修保养，并须按照预算执行。

3.3.2 车辆维修、保养、加油程序。

（1）司机发现车辆故障或者需要保养时，应先填写"车辆维修保养申请单"向行政部提交车辆保养维修申请、申报维修保养的项目及费用预算，行政部会同相关人员进行确认核实后，由总经理批准后予以送指定维修厂检修。

（2）维修结束提车时，送修人应对维修车辆进行技术鉴定，检验合格，收回更换的旧部件，并核定维修费用的合理、准确性后，方可在维修厂家的单据上签字。送修人须对费用的真实性负责。

（3）车辆的维修保养应在指定厂家完成，否则维修保养费用一律由送修人承担。

（4）可自行维修者，可报销购买材料和零件的费用。

（5）车辆于行驶过程中发生故障急需修理时，可根据实际情况进行修理，但非迫切需要或者维修费用超过××元时，应与公司联系请求批示。

（6）由于司机使用不当或者疏于保养造成车辆损坏或机件故障，所需费用视情节轻重，由公司和司机按照比例共同负担。

（7）行政部每月负责统一购买加油卡，并分配到各车辆上。司机一律使用加油卡加油，非特殊情况严禁现金加油。特殊情况（加油卡损坏、加油点网络中断等）下需现金加油者，应向行政部说明原因，得到允许后方可。每次加油时，司机需填写"车辆加油记录本"，以备报销时核对。

（8）行政部对车辆进行不定期的检查，内容包括：本制度执行情况、车内外卫生、一般保养状况等。检查不合格者，对司机或相关责任人处以××～××元不同程度的罚款，情节严重者取消驾驶员驾驶资格。

3.4 车辆保险

3.4.1 公司通过商定，确定承险保险公司。

3.4.2 公司所有车辆的保险，统一由公司支付分担。

3.4.3 公司车辆投保险种以及标准按照相关规定执行,不得私自增加或减少投保险种,也不得私自提高和降低额度。

3.4.4 一旦出现车辆保险索赔事件,行政部应在第一时间与保险公司取得联系,并保存好索赔资料。事故处理完毕后,办理索赔手续。

3.5 违规与事故处理

3.5.1 在下列情形之下,违犯交通规则或发生事故后果,由驾驶人全部承担,并予以记过或免职处分。

(1)无照驾驶。

(2)未经许可将车借给他人使用。

(3)酒后驾车。

3.5.2 违反交通规则,其罚款由司机个人(含非专职司机)和公司各自承担50%,涉及驾照扣分的由当事人负担。

3.5.3 各种车辆在运行过程中遇到不可抗拒的因素发生事故,应先急救伤患人员,向附近公安交通管理部门报案,并主动与公司取得联系协助处理。如属小事故,可自行处理后向公司报告。

3.5.4 意外事故造成车辆损坏,在扣除保险金额后,再视情况由司机与公司按比例承担。

3.5.5 发生重大交通事故后,如需向受害当事人赔偿,在扣除保险金额后,再视差额由司机与公司按比例承担。

3.6 费用报销

3.6.1 车辆维修保养及过境/过路费用按凭证实报实销。

3.6.2 司机于每月10日、25日前将所负责车辆当月高速费、过桥费及停车费等票据贴好,连同该车辆行驶记录本、车辆加油记录本交行政部审核签字后,交财务负责人审核签字,最后报主管副总/总经理签字后,方可报销。

拟定		审核		审批	

二、私车公用管理办法

标准文件		私车公用管理办法	文件编号	
版次	A/0		页次	

1. 目的

为保证私车公用管理,提高工作效率,增强企业凝聚力,公司拟对私车公用人员给予合理的油料补贴,特制定本办法。

2. 适用范围

适用于公司所有领导、中层干部及员工，并针对其私驾车确有纳入公务用车范畴的行为。本办法所称的私车公用是指符合一定条件的人员，将其私有汽车用于公务活动，私有汽车必须是各种手续完备、已缴纳车辆保险等相关规费、安全性能良好，能确保行车安全、正常行驶的车辆。

3. 管理规定

3.1 条件及审批程序

3.1.1 具备以下资格人员可申请私车公用。

（1）申请人为本公司员工，其用途不局限于上下班，并为公司从事一定的公务活动的。

（2）所驾车辆为申请人私有财产（以行驶证为准，可为申请人本人，也可为夫妻共同财产），所驾车辆为他人的不得申请油料补贴。

（3）所驾车辆为其他单位所有，经领导分配使用或上级批准调用且未在其他单位报销费用的。

3.1.2 申请私车公用人员需填写"私车公用补贴申请表"，包括姓名、部门、岗位名称、驾驶证号、行驶证号、车型、车牌等，并提供驾驶证、行驶证等复印件。经领导签字后交公司办公室出具意见并汇总后，呈总经理审批。

3.2 私车公用的管理及补贴标准

3.2.1 部门经理级以上员工用私有车辆在一定区域内从事公务活动的，其费用实行按月包干补贴（具体标准参照下表）。享受按月补贴的人员不再享受一次性购车补贴。

3.2.2 私车公用长途用车时由公司办公室开具派车单，出车回来后，驾驶人员应如实填制出车里程数，并报办公室。如遇特殊情况，则应在事后及时补填出车单。

3.2.3 私车公用补贴标准。

私车公用补贴标准

排量（升）	长途用车补贴				市区规定补贴(元/月)
	油费（元/千米）	修理费（元/千米）	驾驶员补贴（元/千米）	合计（元/千米）	
1.60	0.9	0.3	0.3	1.5	
1.80	1.1	0.3	0.3	1.7	
2.00	1.3	0.4	0.3	2.0	
2.40 及以上	1.5	0.5	0.3	2.3	

该标准以油价（93#）××元/升为标准，如果油价调整较大，超过0.5元/升时，可以作上下浮动0.05元/千米的适当调整。上述补贴已含驾驶员开车补贴、车辆运行的汽油费、一切维修保养的费用。因公出车时的车辆通行费、泊车费由公司据实报销。

3.2.4 私车公用原则上规定以车定人，车主开车，特殊情况下由公司办公室根据需要协商调配。使用公司专职驾驶员开私车长途公用时，私车所有人享受的补贴按相应标准减去0.1元/千米的驾驶员开车补贴。

3.2.5 私车公用车辆在因公外出情况下违反交通法规，罚款由当事人负担20%，公司承担80%。

3.3 报销

3.3.1 报销要求：私车公用驾驶人员应提供报销单、派车单及与拟补贴金额相同的油费发票或其他发票（发票开具本单位抬头）、车辆通行费、泊车费发票等凭证，在出车回来后及时报销。

3.3.2 报销程序：车辆所有人根据办公室开具的派车单上的里程数填制报销凭证→分管领导签字→财务部审核→总经理批准。公司办公室应核对车辆行驶里程是否真实客观；财务部应核对报销手续是否完备。

4. 购车补贴的要求及标准

4.1 补贴对象

公司部门经理及以上职务员工。购车者必须是本人已取得汽车驾驶证，购车后主要为公司上下班用车。

4.2 补贴标准

4.2.1 购买30万元（含）以上的轿车，每辆补贴15万元。

4.2.2 购买15万元（含）~20万元（不含）的轿车，每辆补贴10万元。

4.2.3 购买10万元（含）以下的轿车，每辆补贴5万元。

4.3 其他要求

4.3.1 针对取得购车补贴的员工，自补贴购车开始要在公司继续服务5年。若服务不到5年而提前离开公司的，其享受的购车补贴要按5年平均分摊扣回。

4.3.2 享受购车补贴的人员，自购车之日起5年内不享受按月发放的一定区域内的私车公用补贴；长途用车同样开具派车单，根据出车里程数按规定补贴。

4.3.3 部门经理以上员工购车后，私车公用时一律按照以上私车公用管理办法执行，此外公司不承担任何其他费用。

拟定	审核	审批

三、中高层管理人员车辆补贴实施办法

标准文件		中高层管理人员车辆补贴实施办法	文件编号	
版次	A/0		页次	

1. 目的

为适应企业发展需要，提升企业形象，提高领导干部办事效率，规范公司车辆管理，合理控制车辆的相关费用，特制定本办法。

2. 适用对象

享受车辆补贴的对象需要符合以下条件：直属职能部门经理（含）以上管理人员，或因对外联系工作业务而需配备交通工具的特殊岗位人员。

3. 管理规定

3.1 补贴的方式及标准

3.1.1 购车人可享受一定数额的购车补贴及相关汽车费用补贴，具体对象和购车补贴金额如下：

单位：万元

序号	职务	购车补贴标准	备注
1	董事长、总经理	22	
2	常务副总经理	20	
3	副总经理	18	
4	公司总经理助理、公司财务负责人	15	
5	直属职能部门经理	10	
6	特殊岗位人员	4	

注：燃油费用按年结算，超支自负，节支的可转入次年用于车辆其他费用。

3.1.2 汽车费用补贴中燃油费具体补贴标准按车辆的排量划分为：

排量	≥3.0升	≤3.0升 ≥2.5升	≤2.5升 ≥2.0升	≤2.0升
补贴金额	1.5元/千米	1.3元/千米	1.2元/千米	1元/千米

3.2 车辆管理

3.2.1 管理职责。

（1）公司购车补贴的归口管理部门为行政部，主要负责补贴对象的审核、协议签订、保险费、相关通行费、油卡充值等费用缴纳和协助处理可能发生的交通事故和保险理赔工作及进行必要的安全教育培训等工作。

（2）公司行政部建立车辆里程台账，每月对车辆里程数进行统计，年底统一计算，作为里程补贴的依据。

（3）汽车费用补贴的报销部门为财务部，由财务部对补贴费用单独设立账户进行管理。

3.2.2 购车补贴审批报支程序。

（1）直属职能部门经理（含）以上人员购车须由本人填写"购车补贴申请表"，经行政部审核，报请总经理审批。

（2）特殊岗位人员根据实际对外工作业务情况而需配备交通工具的，由所在部门领导推荐，并根据个人意愿填写"购车补贴申请表"，经行政部审核，最后报总经理办公会讨论审批。

（3）根据审批后的"购车补贴申请表"，由行政部代表公司与个人签订"购车补贴协议书"。

（4）购车人持有效的"购车补贴申请表"和"购车补贴协议书"向计划财务部和行政部办理购车补贴款及列账手续。

3.2.3 车辆补贴费用划分及审批报支程序。

（1）本办法中车辆费用补贴所指的费用项目为：保险费、路桥通行年费、燃油费、日常路桥费。

（2）补贴车辆的保险费由公司承担。

（3）补贴车辆的日常路桥费实行实报实销，允许凭正式发票报支现金。

（4）补贴车辆的燃油费由行政部统一规划预支，年终按照补贴的标准进行统一核算，超支的部分在个人收入中一次性全额扣除。

（5）所有车辆补贴的费用由公司财务部设立车辆补贴费用独立账目，每月由行政部和计划财务部针对补贴报销的费用进行核对，保证费用明细的一致性。

（6）针对已购车辆并符合享受补贴标准但未享受车贴的人员，可由本人提出申请，经行政部审核，报总经理审批，享受相关汽车费用补贴。

3.2.4 购车补贴年限、购车人服务年限。

（1）有购车资格的购车人首次购车可按公司的标准享受一次性补贴，有效期限为10年，10年内无论车辆变更与否均不再享受购车补贴。

（2）享受购车补贴人员的服务期限为5年，5年内其工作或职务发生变动，不再符合补贴条件的，则需按年度比例偿还相应的购车补贴款，同时，公司停止该车辆的一切费用补贴。补贴款结清后，车辆归个人所有（以公司名义购置的需办理过户手续）。

（3）已享受购车补贴的人员，在补贴期内，其行政级别上升，可对照现标准的差额部分，在换购新车时由本人提出申请，经总经理批准，给予补发。

（4）已享受购车补贴的人员，在补贴期内，其行政级别下降但仍符合购车补贴条件的，经总经理审批，从变动之次月起根据时间比例和变动后的行政级别，按原购车补贴标准偿还差额。

3.2.5 补贴车辆服务与管理。

（1）补贴对象产生的费用须凭正规发票在开票之日起一个月内报支现金，在年终对费用进行统一核算，超支部分在个人收入中全额扣除，节支的递延至下一年抵充。遇职务升降在次月按新任职务结算。

（2）在公务车辆不敷使用的情况下，享受补贴的人员（包括只享受部分汽车费用补贴的自购车辆）均须服从车辆调派，车辆调派权归属行政部；享受车辆补贴人员在无正当理由的情况下，不服从调派的，从即日起燃油补贴减半，直至取消该车的费用补贴。

（3）享受补贴的车辆一般由本人驾驶，不设专职驾驶员，享受补贴人员外出办理公务，非特殊情况不得使用公车；因公长途外出确有需要，由行政部根据实际情况安排专职司机驾驶。公司董事长、总经理如有需要可配备专职驾驶员。

（4）享受补贴人员应自觉遵守交通规则，确保行车安全，车辆使用期间发生事故的费用，除保险公司理赔外，其余由车主自理。

（5）享受补贴人员必须自觉维护公司良好的公众形象，在公务期间必须使用享受补贴车辆，补贴车辆不得挪作他用，不准用作盈利性运输，一经发现有影响企业公众形象的行为，公司将立即终止对该车的所有补贴，并对被补贴人员给予行政处分。

拟定		审核		审批	

第三节 车辆管理表格

一、车辆（交通设备）管理簿

车辆（交通设备）管理簿

编号：　　　　　　　　　　　　　　　　　　　　　　　日期：

车辆登记号码	车辆名称及型号	车辆制造号码	购入日期

续表

购入金额		供应商		供应商所在地及电话				
检验、修理日	检验修理的记录		经办人	折旧记录栏	折旧年度	折旧度	残值价格	记账
				备注				

二、公务车辆使用申请表

公务车辆使用申请表

申请人		车牌号		目的地	□市内	
申请部门		随行人数			□外省市	
计划用车时间	___月___日___时至___月___日___时					
用车事由							
备注							
部门主管				行政部审批		
此联由申请人填写，交行政部留存						

三、车辆调派单

车辆调派单

用车人		车牌号		目的地	□市内	
部门		随行人数			□外省市	
用车时间	___月___日___时至___月___日___时					
用车事由							
起始里程表数				返回里程表数		
行政部审批							
此联行政部填写，用车人交司机留存						

四、车辆出车安排表

车辆出车安排表

车牌号码		驾驶人员	
出车时间		返回时间	
送达地点			
送达货物			
管理人员		日期	

五、车辆出车登记表

车辆出车登记表

车牌号					驾驶员		
出车日期	出车时间	返回时间	出发里程表数	返回里程表数	出车地点	签名
管理人						

六、车辆行驶记录表

车辆行驶记录表

车型		车牌号			负责人		
日期	往返地点	出车里程表数	收车里程表数	行驶里程数	高速费用	停车费用	加油费用	使用人签字

七、车辆行驶登记表

车辆行驶登记表

车别			车号				加油状况		备注
日期	使用人	起讫地点	开车时间	行驶时间	起讫总里程数	油别	加油（升）		

八、车辆加油记录表

车辆加油记录表

车型						车牌号码			
日期	加油地点	剩余油量（L）	加油量(L)	加油费	油卡余额	经办人	备注		
说明：紧急情况下使用现金，需在备注中注明。									

九、车辆加油统计表

车辆加油统计表

车牌号码		部门	
司机		加油型号、单价	
月初余额		本月起始里程表数	
本月充值		本月中止里程表数	

续表

本月用油			中止时油箱剩油量		
月末余额			所属期起止		
是否有现金加油	日期	金额	是否有备用卡加油	备用卡卡号	金额

本月车辆特别事项说明：

本月加油小票粘贴处：

十、备用卡加油统计表

备用卡加油统计表

备用卡号			
月初余额			
本月充值			
月末余额			
本月用油			
加油明细	车牌号	加油金额	加油司机
合计			

特别说明事宜：

本月加油小票：

179

十一、车辆维修保养申请表

车辆维修保养申请表

一、车辆基本情况		二、维修项目及资金预算			
车牌号		维修项目	材料费	工时费	小计
部门					
车型					
购置日期					
上次维修时间					
上次维修里程表数					
本次行驶里程表数					
上次维修项目					
是否为定期保养					
是否为常规保养					
申请人		合计			
部门经理意见：		财务部经理意见：		总经理意见：	

十二、购车补贴申请表

购车补贴申请表

购车人基本情况						
姓名		部门		职务		任职日期
出生年月		参加工作时间		进公司工作时间		是否首次购车
购车理由						
申请补贴金额	大写：___ 拾 ___ 万 ___ 元整　　￥：					

第九章 | 车辆管理

续表

行政部审核意见	审核人：	日期：
总经理审批意见	审批人：	日期：

十三、车辆补贴协议书

车辆补贴协议书

甲方（公司）：
乙方（个人）：

　　甲方为加强企业内部管理，节约费用开支，便利乙方使用车辆，经双方协商，根据公司 ____ 年 ___ 月 ___ 日下发的《中高层管理人员车辆补贴办法》（以下简称《办法》）规定，决定由乙方自行购车，甲方给予一次性现款补贴。现为了明确双方职责，特签订本协议书。

　　一、根据《办法》有关补贴标准，乙方享受购车补贴 _____ 万元。
　　二、车辆购置方式选择
　　1. 以公司名义落户，车辆由个人选购，购车标准不作限制。补贴标准超支部分由个人全额支付。
　　2. 以个人名义落户，车辆由个人选购，产权归个人所有，购车标准不作限制。购车人凭购车发票报支车辆补贴款，并按国家规定缴纳个人所得税。
　　三、按甲方有关规定，经甲方审核，乙方每年的车辆保险费和路桥通行年费这两项固定费用由甲方承担；日常路桥费实行实报实销，而燃油费实行补贴，其具体补贴标准按车辆排量划分为：

排量	≥ 3.0 升	≤ 3.0 升 ≥ 2.5 升	≤ 2.5 升 ≥ 2.0 升	≤ 2.0 升
补贴金额	1.5 元/千米	1.3 元/千米	1.2 元/千米	1 元/千米

　　燃油费用按年结算，超支自负，节支的可用于次年车辆其他费用。
　　四、除上述约定的费用外，甲方不承担车辆任何其他费用，如车辆发生交通事故，在保险公司按规定理赔部分外的经济损失，由乙方承担。
　　五、乙方从享受购车补贴之日起，必须为甲方服务___年，如乙方工作或职务在___年内发生变动，不再符合补贴条件，则需按年度比例偿付相应的购车补贴款，同时甲方停止承担车辆任何费用。补贴款结清后，车辆归乙方所有。补贴车辆以甲方名义购置的，需办理过户手续。
　　六、乙方为甲方服务满___年后，若以甲方名义购买的，车辆归乙方所有，车辆需无偿过户给乙方。
　　七、本协议未尽事宜，按《办法》有关规定执行。
　　八、本协议一式二份，甲乙双方各执一份。
　　九、本协议自签订之日起生效。

　　甲方（公章）：
　　代表人（签名）：
　　乙方（签名）：

　　日期：

181

十四、补贴车辆里程登记表

补贴车辆里程登记表

抄表时间	里程数起码	里程数止码	本月里程数	抄表人	车主签字确认
合计					

十五、私车公出核准申请书

私车公出核准申请书

申请人		使用车种	□汽车 □机车	车号		目的或目的地	
				车主			
实际路程数	千米		申请补助金额		千米 × 元／千米 ＝ 元		
行政部意见	核准人				行政经理		
核章							

十六、车辆使用同意书

车辆使用同意书

本人＿＿＿＿＿＿是＿＿＿＿＿＿公司员工，在任职期间因业务需要将本人所拥有的＿＿＿＿＿＿牌＿＿＿＿＿＿，车牌＿＿＿＿＿＿的机／汽车于上班时间借予公司使用，因公务所使用的油费以合法加油站的发票为凭，所以由公司适量补贴。外勤人员保养费依公司规定请领。

特立本据为凭。

立同意书人：

身份证号码：

日期：

第十章

食宿管理

第一节 食宿管理要领

一、食堂管理的基本内容

1. 计划管理方法

食堂须根据市场、季节和就餐者的需要,确定服务目标并进行科学合理的安排;通过计划的制订、执行、检查和分析,对食堂服务活动进行组织、实施、监督和调节,以便有效地利用人力、物力和财力,完成预定的目标,取得良好的服务效果。

2. 原材料管理方法

做好原材料的采购、保管、领用、加工等管理工作,对提高饭菜质量、减少损失和浪费、降低成本、做到价廉实惠,都有着极其重要的作用。

3. 食堂销售管理

食堂出售食品和提供服务都属于销售范畴,是服务的过程,也是实现营业收入、取得服务效果的过程。食堂提供服务只有通过销售才能实现,所以销售管理是企业食堂管理的一个重要的组成部分。

4. 食堂卫生管理

食堂要对基础设施、食物、食堂服务员、厨房等做好卫生管理。

5. 食堂卫生监督机制

建立餐饮管理委员会,向员工灌输卫生知识,并对食堂员工进行培训,培养他们清洁卫生的习惯,餐饮管理委员会还要定期检查食堂卫生。

二、宿舍管理的基本内容

员工的宿舍管理,主要包括以下几方面的内容。

1. 宿舍设备物品管理

(1)要科学使用设备,精心维护、及时地检修,确保技术状况良好。对锅炉等压力容器和电视机等贵重物品,要单独建账设卡,指定专人管理。

(2)加强库房管理,各类物品分类摆放整齐,做到无损失、无霉烂、账物相符。

(3)给宿舍员工配发卧具等物品,要做到及时准确、手续完备、账物相符。

2. 宿舍服务管理

（1）充分发挥人员和设施的作用。

充分发挥现有人员和服务设施的作用，组织好常规性的服务活动，包括理发、洗澡、洗缝衣物、购买日用品、收发邮件、打电话、接待亲友和客人住宿等。

（2）活跃单身员工的文化生活。

电视室、阅览室、游艺室每天按规定的时间开放，电视节目每天预告。每周举行小型文娱活动，四大节日（元旦、春节、劳动节、国庆节）举办大型文体活动。

（3）提供服务项目。

调查某些单身员工的特殊需要，开办新的服务项目。例如，给倒班的员工提供叫班服务；为少数民族单身员工代购代做节日传统用（食）品；代员工接待客人或传达客人留言；为单身员工提供生活咨询服务等。

3. 宿舍安全管理

（1）定期进行安全教育。

对宿舍的锅炉工、电气工进行专业安全技术培训，经考核合格，才能上岗操作；要制定安全责任制度，明确规定住宿管理人员、服务人员、设备操作人员的安全责任和权利；要坚持安全检查制度，定期检查安全责任制落实情况和班组安全活动开展情况，定期检查机电设备和建筑设施的安全状况，发现隐患，及时地处理。

（2）严格执行治安管理规章制度。

要加强门卫管理，建立、健全暂住人口、会客登记制度；传达员、宿管人员要严格贯彻宿舍管理的各项制度，做好交接班记录；要与治安保卫部门和企业配合，加强宿舍秩序管理，防止酗酒闹事、打架斗殴、赌博盗窃等现象的发生。

第二节 食宿管理制度

一、员工宿舍管理制度

标准文件		员工宿舍管理制度	文件编号	
版次	A/0		页次	
1. 目的 　　为了加强对公司公寓的管理，保障住房的合理使用和分配，切实维护员工的|				

利益，特制定本制度。

2. 适用范围

适用于公司公寓的管理。本规定所称公寓是指公司拥有使用权，租赁给同事或向同事无偿提供住宿的房屋。

3. 管理机构及职责

3.1 行政部是公司员工宿舍管理的职能部门，负责对公司所属公寓及设施实行统一管理，包括公司员工公寓的协调分配，租金的使用管理，以及房屋大修、装修、更新改造等工程的管理。

3.2 日常管理的主要内容：按照公司的规定，定期对员工宿舍进行安全与卫生检查；负责员工宿舍应交纳各种费用的收取和支付。

4. 管理规定

4.1 住宿

4.1.1 住宿条件。

原则上符合下列条件者，可入住员工宿舍：

（1）在职正式员工。

（2）家住本市以外的外地籍员工。

（3）因工作岗位性质需要住宿的员工。

（4）经公司认定，住房确有困难的员工。

（5）个人提出申请，取得公司批准的员工。

公司向符合规定的员工提供单身宿舍，住宿人员必须服从宿舍管理人员的安排和调整，每个房间必须按规定住满室内人数。

办公室每月对入住员工资格进行审查，住宿人员在住宿期间，当月非工作原因累计不在宿舍住宿时间超过 10 天、连续两月以上者，视为自动放弃住宿权利；不服从公司宿舍管理、全年违反宿舍管理制度三次（含）或发生严重违反住宿制度者，取消住房资格。

4.1.2 租住程序。

（1）住宿人员经所在部门领导同意后向办公室提出书面申请。

（2）办公室审核租住条件，符合条件者经批准同意后，到财务部交纳住房押金 ×× 元，凭财务部出具的住宿押金单，从办公室领取钥匙方可住宿。

4.1.3 退房程序。

（1）不再继续住宿者，可直接到办公室办理退房手续。

（2）退房人清理完毕后，办公室会同退房人确认房内设施情况，填写退房登记表，收回钥匙。

（3）退房人凭退房登记表和住房押金收据到财务部领取押金。财务部将退房登记表中所列欠款在押金中抵扣，不够抵扣时由退房人补足。

4.2 租金及费用

4.2.1 公司员工宿舍用房暂不收取租金（指正式聘用的员工）。

公司将根据实际情况决定宿舍租金的调整，如须调整时，办公室将提前一个月以书面方式通知租住人。

4.2.2 公司承担员工宿舍水电等费用。

4.3 管理及维护

4.3.1 已入住员工宿舍的员工必须按分派的房号与床号居住，任何人不得任意调换、转借、转租或留宿外来人员，一经发现，收回住房，并罚款××元。

4.3.2 住宿人员在收到办公室退房通知单或对员工宿舍进行必要调整的通知时，必须在5天内搬出（调整），特殊情况经公司同意可适当延后。对超期未搬出（调整）者，公司有权进行强制处理。

4.3.3 住宿人员应自觉爱护公共设施，不得恶意损坏公共设施，不得随意改变房屋结构及用途，否则除收回住房外将根据损坏和改变情况承担赔偿责任。

4.3.4 住宿人员应保持宿舍室内、过道、楼梯间清洁，各宿舍由宿舍长安排每天轮流打扫，每月办公室抽查一次，凡卫生不达标的宿舍，每次罚款××元，对卫生优秀宿舍予以奖励。

4.3.5 注意节约用水、用电，杜绝长明灯、长流水等浪费现象，发现一次罚款××元。

4.3.6 住宿人员不得阻塞消防通道、楼道、露台等，公共场地不得摆放家具、货物和其他物品。违者经劝告不改，予以强行清除，一切责任及费用由当事人承担。

4.3.7 严禁存放易燃易爆危险品，不准使用违禁炉具和电器设备，不准私接电源线，严禁偷电，违者罚款××～××元。

4.3.8 禁止高空抛物，禁止在宿舍内随意张贴、涂写、刻画，违者罚款××元/次。

4.3.9 禁止饲养家禽、家畜，违者罚款××元。

4.3.10 禁止在宿舍内进行赌博、吸毒、观看色情影视等违法活动，如有发生，直接取消住宿资格，情节严重者，送交公安机关处理。

4.3.11 严禁在宿舍内酗酒、打架、斗殴或侮辱他人，违者视其情节轻重处以××～××元罚款，情节严重者，送交公安机关处理，取消住宿资格。

4.3.12 严禁收藏枪支、弹药、毒品等违禁品，违者交有关部门处理，并取消入住资格。

4.3.13 住宿人员应提高警惕，做好防火、防盗工作，严防火灾事故的发生，外出及夜间睡觉时要关好门窗，严禁私配钥匙，对于人为造成的火灾、被盗事故每次处罚200元，情节严重的取消相关人员住宿资格。

4.3.14 如宿舍内部失窃，除保护好现场、及时报警外，须在24小时内报告公司办公室。

本制度自发布之日起执行，由公司办公室修订并负责解释。

附1：

员工宿舍分配流程

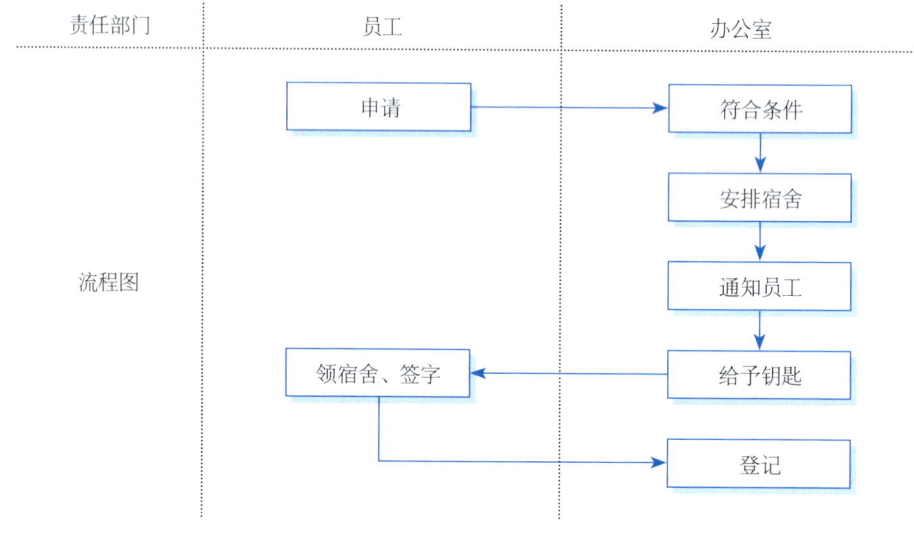

附2：

员工离职退房流程

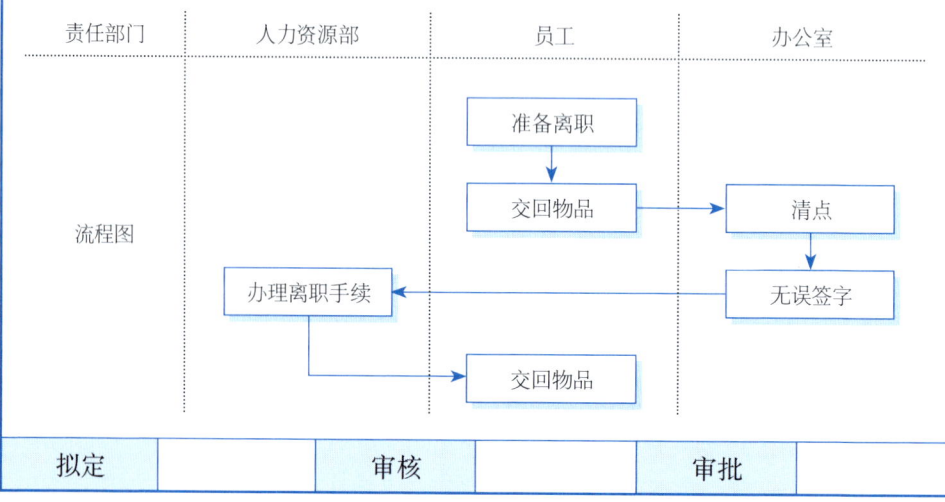

| 拟定 | | 审核 | | 审批 | |

二、租房补贴管理办法

标准文件		租房补贴管理办法	文件编号	
版次	A/0		页次	

1. 目的

为解决员工的住房问题，减轻员工租房负担，提高公司福利水平，特制定本办法。

2. 适用范围

适用于凡因工作关系，经公司调离现住址或本籍地以外县市需租房住宿的员工。

3. 管理规定

3.1 凡因工作关系，经公司调离现住址或本籍地以外县市的员工需租房住宿的，由该员工自行申请，经审批核准后始付租房补贴。

3.2 申请租房补贴，须同时符合以下条件：

3.2.1 申请者为本公司正式员工。

3.2.2 公司未提供宿舍。

3.2.3 非本籍且在公司所在地没有住房的或服从公司调动安排去外市县工作的。

3.3 员工配偶在公司所在地有住房的，不得申请租房补贴。

3.4 租房补贴按以下标准执行：

职务	地市级城市	县市级城市
总经理、总经理助理	800元	700元
经理、副经理、经理助理	700元	600元
普通员工	600元	500元

3.5 公司引进的特殊人才，其租房补贴标准由总经理办公会审议另行决定。

3.6 申请租房补贴的程序为：

3.6.1 员工个人提出书面申请，填写"租房补贴申请表"，所在部门认真审核个人情况后，负责人签字确认。

3.6.2 提供租房合同复印件、所租房屋产权证复印件等相关材料。

3.6.3 行政部对申请人基本情况进行复核，确定租房补贴标准。

3.6.4 财务部凭审核结果随工资按月发放租房补贴。

3.6.5 租房补贴每半年复核一次。

3.7 员工在工作所在地购买住房的，在拿到房屋钥匙两个月后停止发放租房补贴。

3.8 若员工兼任两个公司岗位的，租房补贴不能重复申请，原则上在先发放工资的公司申请。

3.9 个人住房情况应如实填写，并及时向行政部反映住房变化情况，若发现员工弄虚作假，一经查实，将追缴全部补贴金额，并予以全公司通报批评处分。

拟定		审核		审批	

三、食堂管理制度

标准文件		食堂管理制度	文件编号	
版次	A/0		页次	

1. 目的

为了规范公司食堂管理工作，共同营造一个卫生、美观、优雅有序的用餐环境，特制定本管理制度。

2. 适用范围

适用于公司全体在食堂就餐人员、食堂全体工作人员。

3. 管理部门及职责

3.1 行政经理

3.1.1 行政部为公司食堂的直接管理部门，负责食堂的日常管理工作，确保食堂工作每日有序进行。

3.1.2 日常管理工作内容为：食品价值的市场调查、评估，供应商的选定，食堂物资的采购；食堂安全卫生、饭菜质量的管理；对食堂相关费用的结算进行审核，加强日常开支的控制；监督食堂人员工作，反馈员工意见，协调处理双方关系及建议等。

3.2 厨师

3.2.1 负责对饭菜的具体操作。

3.2.2 负责每日下午 4 点以前向食堂采购员提出次日所需菜品计划。

3.2.3 负责每周配合食堂采购员提出各类副食购置计划。

3.2.4 负责每日食堂工作的综合安排。

3.2.5 负责每日菜品的验收。

3.3 杂工

3.3.1 负责厨房、餐厅及食堂周边的卫生打扫和清洁。

3.3.2 负责菜品的切洗。

3.3.3 负责餐具的清洗、消毒。

4. 管理规定

4.1 就餐时间

早餐：07：20～07：50；中餐：12：00～12：30；晚餐：17：30～18：00；夜宵23：00～23：30。

4.2 就餐管理

4.2.1 员工就餐时应佩戴工作证，自行携带餐具依次排队等候打菜，主食可自行按需打取。

4.2.2 不得在食堂高声喧哗、嬉笑打闹，餐具应轻拿轻放。

4.2.3 员工在就餐区就餐，不得将餐具及饭菜拿出就餐区（当班人员、伤、病人员除外）。

4.2.4 讲究环境卫生，残食不得乱丢乱倒或留在餐桌上，应在指定地点倒放，并将餐具统一放置在指定位置。

4.2.5 定时开餐，过时就餐一般不予供应（特殊情况除外）。

4.2.6 食堂由专人打菜，行政部人员监督。

4.3 食堂的卫生管理

4.3.1 食堂人员必须于开餐前完成就餐区及厨房的清洁工作。

4.3.2 员工餐后需对餐桌及餐区卫生进行清洁。

4.3.3 用洁净的抹布擦两次以上桌面，保证桌面无水迹、油污。

4.3.4 保证厨房、就餐区地面无垃圾、无油迹。

4.3.5 食堂人员将餐桌、椅凳摆放整齐。

4.3.6 食堂的墙面、天花板应每周清洁，以保证墙面、天花板上无蜘蛛网。

4.3.7 食堂的灯具、消毒柜、排风扇、灶台等每天清洁一次，以保证清洁。

4.3.8 食堂人员每日在开饭后完成餐具、厨具的清洁工作。

4.3.9 将需要清洁的餐具、厨具分别放置。

4.3.10 用洁净的抹布将使用过的佐料、配料容器清洁后，整齐放置在指定地点。

4.3.11 用洁净的抹布清洗厨具、餐具、灶台两次以上，直至干净，保证无油污、污渍。

4.3.12 将清洁干净的餐具抹干、放入消毒柜内消毒。

4.3.13 用清洁干净的拖布清洁工作间地面，直至干净、无水迹。

4.3.14 食堂人员必须持卫生防疫部门的健康证上岗。

4.4 安全管理

4.4.1 未经许可，除食堂工作人员及行政部管理人员外任何人员非因公不得进入厨房。

4.4.2 厨房清洁用品应与调味品、菜品等分开放置。

4.4.3 厨房设置灭火器。

4.4.4 厨房及就餐区严禁吸烟。

4.4.5 使用炊事械具或用具要严格遵守操作规程，防止事故发生。

4.4.6 食堂工作人员下班前，要关好门窗，检查各类电源开关、设备等。

4.4.7 管理人员要经常督促、检查，做好防盗工作。

4.5 食堂采购和报销

4.5.1 采购员本着质优价廉、货比三家的原则选择每日菜品、副食品等物资的固定供应商。

4.5.2 采购的物品应保证新鲜，严禁购买病死猪肉和过期、变质的蔬菜、调味品及肉制品。

4.5.3 每天采购的菜品必须由厨师进行验收核实，以保证账物相符。

4.5.4 每天将采购的物品登记在采购明细单上，并做好统计。

4.5.5 各类物资一般每 10 天结算一次，经行政经理审核无误后即可呈报总经理批准付款。

4.5.6 食堂采购员根据公司财务制度存放采购备用金 ×× 元。

4.6 食堂人员的管理

4.6.1 食堂采购员严禁挪用采购款，严禁以少报多。

4.6.2 食堂人员应礼貌待人，热情服务，不得刁难就餐人员。

4.6.3 食堂工作人员应提前将当天的菜谱公布于白板上，并按时、保质、保量提供菜品。

4.7 监督管理

4.7.1 公司管理委员会负责对食堂物品采购质量及数量的监控管理。

4.7.2 厨师每天对采购回来的物品进行质量确认。

4.7.3 管理委员会人员不定期抽查采购物品数量及质量。

4.7.4 管理委员会人员不定期进行采购物品市场行情的调查。

4.8 食堂奖惩细则

4.8.1 保证为员工提供卫生、合理的饮食，不得采购劣质、腐烂、过期食物，违者予以辞退，并承担相应经济责任，情节严重者将送公安机关处理。

4.8.2 保证厨房餐具及食堂环境清洁卫生，若连续两次达不到检查要求，扣罚 5 分 / 次。

4.8.3 为员工提供好的服务与质量较高的伙食，若接到员工有效投诉，视其情况扣罚 5 ～ 10 分 / 次。

4.8.4 采购厨房物资、菜品、调料必须如实记录开支，不得谎报，否则予以辞退并赔偿公司损失，情节严重者以贪污论处，并送公安机关处理。

4.8.5 妥善保管、使用食堂用具、电器等物品，不得故意损坏，损坏物品原值赔偿。

4.8.6 对就餐人员一视同仁，若发现徇私、态度恶劣情况，扣罚50～100分/次。

4.8.7 应对菜品备量进行合理控制，杜绝浪费，若发现浪费现象扣罚50～100分/次，情节严重者予以终止劳动合同。

4.8.8 食堂菜品、用具严禁带回家，否则视贪污处理并扣罚100分/次，物品价值超过××元的终止劳动合同。

4.8.9 服从工作安排，发现问题应及时报告上级，不服从工作安排者扣罚50～100分/次，严重者予以终止劳动合同。

4.8.10 准时开餐，不得消极怠工，否则扣罚50～100分/次，严重者予以终止劳动合同。

4.8.11 遵守食堂安全管理规定，未经许可，带外来人员进入食堂工作区者扣罚100分/次，严重者予以终止劳动合同。

4.8.12 擅自用药灭蝇、灭鼠者或擅自将有毒物品带入食堂工作区者，一经发现立即终止劳动合同，情节严重者送公安机关处理。

4.8.13 工作积极主动，并提出合理化建议，有利于提高食堂工作效率或工作质量者，奖励100分以上/次，屡次受到奖励的提高薪资。

4.8.14 坚守原则，敢于面对矛盾，维护公司利益，表现突出者，奖励50～100分，屡次受到奖励的提高薪资。

4.8.15 工作技能有显著提高并受到领导及众多同事肯定者，奖励50～100分，屡次受到奖励的提高薪资。

拟定		审核		审批	

四、餐费补贴管理办法

标准文件		餐费补贴管理办法	文件编号	
版次	A/0		页次	

1. 目的

为进一步规范公司餐费补贴管理流程，维护员工的公平利益，结合公司现阶段的管理要求，特制定本办法。

2. 适用范围

适用于公司全体员工。

3. 职责

3.1 公司全体员工：应严格遵守本办法关于餐费补贴管理的相关规定。

3.2 行政部：负责全体员工餐卡的及时发放、补办、销卡。

3.3 财务部：负责按照本办法相关规定对员工餐卡进行餐补充值、回收并核算离职员工餐卡余额。对不符本办法规定而出现的误充值、漏发、离职超额消费等情况，有权要求相关人员在3个工作日内退还相应餐费补贴，超过3个工作日内未退还的，应及时向行政部反映。针对个别员工因自带餐，卡内留存餐费余额较多情况，可依员工需求提供提现服务。

3.4 行政部：负责按照本办法严格核实公司全体员工的餐费补贴发放情况，对违反相关规定的情况，一经核实，有权在次月应发工资中扣除相应餐费补贴。

4. 餐费补贴管理办法

4.1 凡与公司签订劳动合同的员工均有权享用公司××元/月的餐费补贴。

4.2 本月10日之前入职员工，员工卡餐费首次充值可按满月充值即充值额度为××元；本月10日之后入职员工，员工卡餐费首次充值按当月剩余工作日天数充值，即充值额度为：××元/日×本月剩余工作日天数。

4.3 本月离职员工，应在实际离职日退还员工卡，卡里餐费余额不得低于以"××元－××元/日×本月实际出勤天数"公式计算所得金额。

4.4 休年假、事假、产假、婚假、病假、丧假等连续超过5天及以上假期的员工，公司将不予发放休假期间的餐费补贴。

4.5 长期驻外或出差的员工，因已享用公司驻外、出差等相应补贴，公司将不予发放驻外或出差期间的餐费补贴。

拟定		审核		审批	

五、职工食堂招待用餐管理办法

标准文件		职工食堂招待用餐管理办法	文件编号	
版次	A/0		页次	

1. 目的

为规范公司小餐厅使用，进一步提高服务质量，控制接待成本，特制定本办法。

2. 适用范围

公司各部门、各单位和在职员工

3. 就餐管理办法

3.1 对内接待

3.1.1 小餐厅是为了方便招待宾客用餐而设立，原则上宾客人数在 5 人及以上方可申请使用，宾客人数在 4 人（含）以下原则上在员工餐厅用工作餐，如需在小餐厅就餐的，应提交申请经分管领导批准方可。

3.1.2 申请流程。

接待部门提前一天（或当天上午 9 点前）将经审批的来客用餐申请单交至人力行政部，同时就用餐标准、特殊菜品等相关要求与人力行政部进行确认，由人力行政部安排餐厅管理人员按要求准备。

3.1.3 人力行政部负责对小餐厅的整体管理。每次招待用餐结束后，由接待部门负责将桌面上的菜盘、碗筷等餐具运送到员工就餐窗口，同时必须将桌面和地面卫生清理干净，要恢复至可使用状态，经餐厅管理员验收合格后，方可离开。否则将扣罚接待部门 ×× 元 / 次。如有餐具损坏的，则由接待部门按原价进行赔偿。

3.2 对外用餐

小餐厅将本着利益最小化原则，为员工提供可口的饭菜。

3.2.1 用餐范围：主要针对公司在职员工，根据自身需要，可在小餐厅进行会餐活动。

3.2.2 申请流程。

用餐部门提前三天将经审批的"食堂对外用餐申请表"交至人力行政部，同时根据餐厅提供的菜谱将就餐所需菜品与人力行政部确认，由人力行政部安排餐厅管理人员按要求准备。

3.2.3 费用结算：费用由用餐部门、单位或个人自行承担。食堂管理员根据其用餐费用，开具用餐结算单，由用餐部门或个人在公司财务部监督下将费用一次性充入员工饭卡内，再由食堂管理员刷清所欠费用。

3.3 餐厅相关工作人员奖励办法

3.3.1 对内用餐：每月月底，餐厅管理员对当月用餐次数进行统计（每月员工生日会餐除外），每桌饭菜奖励餐厅相关工作人员 50 元，经公司领导签字后，由公司以奖金形式于次月统一发放。

3.3.2 对外用餐：每月月底，餐厅管理员对当月外部用餐的费用进行统计，根据每桌饭菜利润的 40% 对餐厅相关工作人员进行奖励，经公司领导签字后，由公司以奖金形式于次月统一发放。

拟定		审核		审批	

六、外包食堂考核管理办法

标准文件		外包食堂考核管理办法	文件编号	
版次	A/0		页次	

1. 目的

为了促进食堂外包方供餐质量，提高餐饮服务质量，特制定本办法。

2. 适用范围

公司外包食堂的管理、服务等工作考核。

3. 考核形式及周期

序号	考核形式	组织部门	范围	考核周期
1	日常检查	员工服务中心	员工服务中心	每周 1 次
2	饭菜满意度调查	员工服务中心	部分员工	每周 1 次
3	"开放日"活动	伙食委员会	伙食委员会及部分员工	每月 1 次
4	员工满意度调查	伙食委员会	全体员工	每季度 1 次

3.1 日常检查是员工服务中心负责餐饮管理人员对食堂进行的不定期检查，确保食堂日常工作有序开展，达到考核要求。

3.2 饭菜满意度抽样调查是针对某天的午餐进行即时的员工满意度调查，便于食堂承包方和管理方及时地了解员工对当天菜品评价情况，便于后期整改。

3.3 食堂"开放日"活动，是由伙食委员会组织的及有意向参与食堂管理的员工每月一次对食堂的环境、安全等方面进行检查并考核的活动。

3.4 员工满意度调查是在全体员工范围内、每季度一次对食堂管理进行评价，调查范围涵盖菜品质量，餐厅及操作间环境、卫生、服务等。

4. 考核标准及评分标准

考核项目	考核内容	考核标准	评分标准
安全	食品安全 10%	每日餐品要留样并有登记	如无留样，发现一次扣5分；如缺记录，缺一条扣2分
		米面油必须由公司指定购置并留存发票	如未在指定地点购买，发现一次扣5分
		其他非肉类食材要从正规渠道购入并留存发票或收据	如未留存发票或收据，无法证明购入渠道，发现一次扣10分
		肉类食材需有检验检疫证明	如无相关检验检疫证明，发现直接整改并扣10分
		不使用过期食材	如发现，一次扣10分
		食品加工时要生熟分开	如发现未分开，一次扣2分
	设备安全 10%	气瓶有检查记录	如无记录，发现一次扣2分
		气瓶需按要求码放	如未按规定码放，发现一次扣2分
		烟道应无大量积油	如发现，一次扣2分
	操作安全 10%	气瓶有更换记录	如无记录，发现一次扣2分
		气瓶间排风需开启	如无开启，发现一次扣2分
		闭餐后燃气阀门应关闭	如未关闭，发现一次扣2分
		闭餐后应关闭加热托盘	如未关闭，发现一次扣2分
		闭餐后刀具放回原位	如发现刀具乱放，发现一次扣2分
		闭餐后库房门应关闭	如未关闭，发现一次扣2分
	人员安全 10%	不准在后厨内吸烟、打闹	如发现，一次扣2分
		未经培训的人员不得操作大型设备	如发现，一次扣2分
卫生	后厨卫生 15%	后厨内无蚊蝇、老鼠，库房入口处加装挡鼠板，要有定期灭蝇灭鼠记录	如无相关记录，发现一次扣10分
		直接入口的半加工食品不得放在地上	如发现，一次扣5分
		成品食材出品后不能直接裸露放在台面上，需加盖	如发现未加盖一次扣5分
	前厅卫生 10%	小吃间不得堆放其他物品	如发现，一次扣除2分
		桌椅不能有油渍、异物	如发现，一次扣除2分

续表

考核项目	考核内容	考核标准	评分标准
卫生	前厅卫生 10%	地面不能有油渍、水渍、异物	如发现,一次扣除2分
		取餐台要干净整洁	如发现脏乱,一次扣2分
		残食台要整洁	如发现脏乱,一次扣2分
	食品卫生 15%	饭菜中无异物	如发现,一次扣10分
		饭菜无异味	如发现,一次扣10分
		餐具应清洗干净并消毒	如发现未消毒,一次扣10分
		使用无污染的一次性饭盒和纸巾	如发现使用劣质物品,一次扣10分
	人员卫生 10%	员工需持健康证上岗,并公示	如发现没有健康证,停职并扣10分
		员工需佩戴口罩、手套、头套等,不得佩戴饰品	如发现未佩戴,一人一次扣2分
		生病员工不能参与与食品有直接关系的工作	如发现,一次扣2分
管理	内控管理 10%	应满足员工餐的正常就餐供应	如未达到,整改并一次扣10分
		餐品数量符合合同要求	如不符合,整改并一次扣10分
		清餐符合要求	如未达到,一次扣10分
		员工餐中不应出现冷菜、剩菜	如出现,一次扣10分
		从事人员健康证公示	如未公示,发现一次扣2分
		服务人员应热情、周到、态度和蔼可亲	如出现有效投诉,一次扣5分
		召开每周工作会议,并记录	未组织会议,发现一次扣3分
		不出现有效投诉	如出现有效投诉,扣分按以上标准执行

5. 处罚措施

月度得分为85分以上为合格,乙方应持续提升服务水平。

月度得分为75~85分,给予500元~1000元罚款。

月度得分为65~75分,给予1000元~5000元罚款。

月度得分为50~65分,给予停业整顿处理(停业时间长短视整改结果决定)。

月度得分为50分以下,更换快餐公司,并保留进一步处罚的权利。

拟定		审核		审批	

第三节 食宿管理表格

一、员工宿舍申请表

员工宿舍申请表

NO：

姓名		性别		部门/岗位	
入职时间		房间床位		联系电话	
申请原因： 申请人（签字）： 日期：					
部门意见： 负责人（签字）： 日期：					
办公室意见： 负责人（签字）： 日期：					
行政副总意见： 负责人（签字）： 日期：					

二、员工宿舍入住单

员工宿舍入住单

姓名		部门		房号		床号	
所在部门负责人意见	\multicolumn{7}{l}{签名：　　　　　日期：}							
行政部负责人意见	签名：　　　　　日期：						
宿舍主管	安排 ___ 号房 ___ 号床　　签名：　　　　　日期：						
宿舍管理员	入住时间为 ___ 月 ___ 日 ___ 时　　签名：　　　　　日期：						

199

三、员工宿舍调房（床）申请单

员工宿舍调房（床）申请单

姓名		性别		部门		职务	
拟调出房号					床号		
申请调入房号					床号		
所在部门负责人意见	签名： 日期：							
行政部负责人意见	签名： 日期：							
宿舍主管	安排 ___ 号房 ___ 号床 签名： 日期：							
宿舍管理员签名	入住时间为 ___ 月 ___ 日 ___ 时 签名： 日期：							

四、宿舍员工入住情况登记表

宿舍员工入住情况登记表

房号	可住人数	宿舍长	床位号	使用员工	所在部门	岗位	入住时间	备注

房号	可住人数	宿舍长	床位号	使用员工	所在部门	岗位	入住时间	备注

五、宿舍员工退房登记表

宿舍员工退房登记表

序号	姓名	性别	部门	岗位	居住房号	退房类别	入住时间	退房时间	备注

六、员工宿舍退房申请表

员工宿舍退房申请表

NO：

姓名		性别		部门/岗位	
入住时间		房间床位		退房时间	
退房原因（自愿退房的由本人填写，其他原因由办公室填写）： 申请人（签字）： 日期：					
交接清单： 移交人：　　　　　　接交人：　　　　　　监交人： 日期：　　　　　　　日期：　　　　　　　日期：					
部门意见： 负责人（签字）：　　　　日期：					
办公室意见： 负责人（签字）：　　　　日期：					
行政副总意见： 负责人（签字）：　　　　日期：					

七、员工宿舍物品放行条

员工宿舍物品放行条

姓名		部门		备注	
有效时间	____年__月__日__时__分至__时__分				
所携物品			数量		
携往何处			作何用途		
行政部负责人		宿舍主管签名		宿舍管理员签名	
部门印章		宿舍值班门卫签名		放行时间	__月__日__时__分

注：本放行条有涂改痕迹及无行政部印章者无效。

八、宿舍日检异常记录表

宿舍日检异常记录表

检查时间	房间号	异常记录	是否通知整改	是否整改	宿管员签名	备注

九、员工亲属住宿申请单

员工亲属住宿申请单

申请人姓名		所在部门	
申请理由	本人亲属_____，与本人为_____关系。从远道而来探望本人，现申请在公司员工宿舍住宿_____天。住宿期间所发生的一切事情，本人愿做一切担保！特此申请！ 申请人： 日期：		
所在部门负责人意见	签名：	日期：	
行政部负责人意见	签名：	日期：	

续表

宿舍主管	是否交费：是□　否□；是否验过身份证原件（留存复印件）：是□　否□ 安排 ___ 号房 ___ 号床 　　　　　　　　　　　　　　签名：　　　　　　　　日期：
宿舍管理员	入住时间为 ___ 月 ___ 日 ___ 时 　　　　　　　　　　　　　　签名：　　　　　　　　日期：

十、员工宿舍来访登记表

员工宿舍来访登记表

序号	来访人姓名	身份证号码	来访时间	受访人姓名	离开时间

十一、员工宿舍卫生公约与值日表

员工宿舍卫生公约与值日表

★卫生公约★
1. 值日生轮流清扫宿舍公共区域卫生，每天一小扫，每周一大扫。 2. 门窗、玻璃明亮无灰尘，地面清洁、干爽、无积水，墙壁、桌面干净整洁，浴室、卫生间无异味。 3. 不随地吐痰，不往窗外或走廊扔果皮、纸屑或泼水，垃圾、脏水及废弃物等倒在规定的地点。 4. 被褥、衣物等生活用品定期换洗、摆放整齐有序，保持个人日常生活用品的干净整洁。 5. 宿舍内保证光线充足，勤开窗，保持室内空气流通。

★卫生值日表★							
星期一	星期二	星期三	星期四	星期五	星期六	星期日	

十二、员工宿舍卫生评比表

员工宿舍卫生评比表

项目	评分值	具体要求	分数
整体环境	30	（1）整体环境布置美观大方，格调积极向上 （2）卫生值日制度健全，执行好 （3）礼貌对待检查、参观 （4）室内无异味	

203

续表

项目	评分值	具体要求	分数
桌椅	10	（1）桌面洁净无尘 （2）物品摆放整齐	
床	10	（1）床上用品叠放整齐有序 （2）卧具干净整齐	
地面	10	地面（含桌下）干净无污迹	
门窗	10	（1）门窗洁净，无张贴物 （2）门前无污水、垃圾等	
阳台 厨房 卫生间	20	（1）阳台地面干净，无明显堆积的灰尘 （2）厨房地面、桌面洁净无油腻 （3）洗漱用品在水池台上摆放整齐 （4）卫生间干净整洁，马桶无污垢、无异味	
垃圾袋装	10	（1）清洁用具摆放整齐，垃圾装入袋中，并及时倾倒	
总　　分			
评分人：	评分时间：	评分宿舍：	
评分说明：（1）满分100分 　　　　　（2）项目达标给满分，欠缺适当扣分，单项可扣至零分			

十三、员工宿舍内务、卫生、安全检查表

员工宿舍内务、卫生、安全检查表

项目	检查	
	标准分	得分
一、室内布局		
1.床铺要求平整、规范、无多余杂物，闹钟除外（置于枕头右边）；被子叠放平整、棱角分明，面向门；床单要拉直铺平；枕头置于被子另一头（每项2分）	8	
2.牙刷、牙膏同向排列于漱口杯内；毛巾叠成方块；漱口杯、毛巾与肥皂盒、沐浴露和洗发水一同置于脸盆内；每一上下铺脸盆搁于下铺床底左边（每项2分）	8	
3.水杯置于桌面后端边缘线正中有序排列	3	
4.鞋子每人限放三双；每一上下铺鞋子搁于下铺床底右边；鞋跟朝外成直线；鞋跟与脸盆对齐（每项1分）	4	
5.每一上下铺箱、包均搁置下铺床底左边；箱、包紧靠墙边缘（每项2分）	4	
6.门后正中张贴宿舍相关规定及值日表	3	
7.室内没有乱拉绳、铅丝；没有打钉；没有挂衣物、手袋等任何物品（每项2分）	6	
8.墙面没有张贴；没有涂抹；没有雕刻（每项1分）	3	
9.桌子；衣柜按指定地点摆放，没有挪动（每项1分）	3	

续表

项目	检查	
	标准分	得分
10.除以上要求摆设外，其余物品均置于工衣柜内，没有外露	5	
二、室内卫生		
1.室内空气新鲜，无异味	3	
2.地面干净，无果壳纸屑；无污迹；无积水等（每项1分）	3	
3.墙面无灰尘；无脚印；无蜘蛛网（每项3分）	3	
4.门、窗、床、衣柜、桌子、电话机等清洁无灰尘（每项1分）	6	
5.灯架、灯管无灰尘、无污迹（每项1分）		
6.箱子、脸盆等个人日常生活用品无污迹（每项1分）	2	
7.鞋子干净、无异味	2	
8.床上用品常洗晒，无污迹	3	
三、室内安全		
1.不得私接电源、违章使用电炉、热得快、电水壶等电器		
2.不得使用明火，包括点蜡烛，使用煤油炉、酒精炉、火锅等炉具		
3.妥善保管自己的物品，人走门闭，保管好个人锁匙		
4.不得私接电线、插板、电器和存放危险物品		
备注：		

十四、取消员工住宿资格通知单

取消员工住宿资格通知单

姓名		性别		房号		床号	
行政部	违纪事由：							
^	宿舍管理员： 日期：						
^	经调查，情况属实。依照宿舍管理制度第___条，取消该员工宿舍住宿资格，请于____年___月___日前搬离宿舍。 宿舍主管： 日期：						
^	部门负责人审批： 日期：						
^	已于___月___日___时___分办妥退房手续。 宿舍管理员： 日期：						
保安部	已于___月___日___时___分离开。 值班门卫： 日期：						

十五、在职员工退房单

在职员工退房单

姓名		性别		部门		房号		床号	
所在部门意见	负责人签名： 日期：							
行政部	退房时间：____ 年 ___ 月 ___ 日 ___ 时前。 　　　　　　　　宿舍主管签名：　　　　　　日期： 已于 ___ 月 ___ 日 ___ 时 ___ 分办妥退房手续。因 _____ 原因，建议赔偿 _____ 元。 　　　　　　　　宿管员签名：　　　　　　日期：							
保安部	已于 ___ 月 ___ 日 ___ 时 ___ 分离开。 　　　　　　　　值班门卫签名：　　　　　　日期：							

反面：

声　明

因 _____ 原因，我欲迁出员工宿舍。本人郑重声明：迁出宿舍后，在外居住所发生的一切事故均与公司无关。请行政部予以批准。

申请人（签名）：　　　　　日期：

十六、离职员工退房单

离职员工退房单

姓名		性别		部门		房号		床号	
行政部	请于 ____ 年 ___ 月 ___ 日 ___ 时至 ___ 月 ___ 日 ___ 时前办妥退房手续。 　　　　　　　　宿舍主管签名： 已于 ____ 年 ___ 月 ___ 日 ___ 时 ___ 分办妥退房手续。因 _____ 原因，建议赔偿 _____ 元。 　　　　　　　　宿舍管理员签名：							
保安部	已于 ___ 月 ___ 日 ___ 时 ___ 分离开。 　　　　　　　　值班门卫签名：							
注：逾期未完成退房手续者将按有关规定处理。									

十七、住房补贴申请表

住房补贴申请表

姓名		部门	
职位		入职日期	
籍贯		婚姻状况	
是否已经在本地购房		交房日期	
现所租房屋地址			
本人符合租房补贴条件,以上情况属实。 申请人:		申请日期:	
部门意见			
行政部意见			
主管领导意见			

十八、员工意见表(食堂)

员工意见表(食堂)

姓名:
　　为使员工食堂的伙食和卫生得到进一步提高,请您针对食堂各方面(包含饭菜质量、卫生和食堂工作人员的服务态度等内容),提供一些宝贵意见,作为食堂改进与努力的参考。谢谢!
1. 您对食堂的卫生状况　　　　□非常不满意　□不满意　□尚可　□非常满意
2. 您对食堂的就餐秩序　　　　□非常不满意　□不满意　□尚可　□非常满意
3. 您对食堂饭菜的可口程度　　□非常不满意　□不满意　□尚可　□非常满意
4. 您对菜的分量　　　　　　　□非常不满意　□不满意　□尚可　□非常满意
5. 您对食堂人员的服务态度　　□非常不满意　□不满意　□尚可　□非常满意
6. 您对伙食的质量　　　　　　□非常不满意　□不满意　□尚可　□非常满意
7. 您对食堂的建议事项

谢谢您的宝贵意见。祝您工作愉快!

十九、员工食堂意见汇总表

员工食堂意见汇总表

意见类型＼满意程度	非常不满意	不满意	尚可	非常满意
卫生状况				
就餐秩序				
饭菜的可口程度				

续表

意见类型 \ 满意程度	非常不满意	不满意	尚可	非常满意
菜的分量				
食堂人员的服务态度				
伙食的质量				
建议事项				
主要问题				
处理方法				

二十、食堂伙食周报表

食堂伙食周报表

一、支出部分

物品类型	本周采购			上周采购			本周支出			本周结余			应付供应商款项
	数量	单价	金额	数量	单价	金额	数量	单价	金额	数量	单价	金额	
大米													米商 _____ 元 油商 _____ 元 肉（蛋）商 _____ 元 副调商 _____ 元 菜商 _____ 元
食油													
副调													
肉类													
蛋类													
蔬菜													
总计	—			—			—			—			_____ 元

二、收入部分

员工就餐人数及伙食费用	月 日		月 日		月 日		月 日		会计		备注
	人数	费用	人数	费用	人数	费用	人数	费用	人数	费用	
早餐											餐费折算 1. 本店人员 早餐：_____ 元 午餐：_____ 元 晚餐：_____ 元 夜宵：_____ 元 2. 外来人员 _____ 元 / 人 / 餐
午餐											
晚餐											
夜宵											
小计											
外来人员餐费											
总计											

三、收支状况

收入 _____ 元	支出 _____ 元	应余 _____ 元	实余 _____ 元	盈亏率 _____（±%）

二十一、员工伙食补贴发放登记

员工伙食补贴发放登记

员工工号	IC 卡卡号	员工姓名	部门	发放金额	发放时间	发放负责人

二十二、伙食补贴申请表

伙食补贴申请表

部门：　　　　　　　　　　　　　　　　　　　　　　　　　　日期：

班组	总人数	补贴标准	小计金额
合计			
行政部		行政部经理	
财务部		财务部经理	

二十三、离职员工餐费扣除表

离职员工餐费扣除表

部门：　　　　　　　　　　　　　　　　　　　　　　　　　　日期：

序号	姓名	离职时间	员工部门	当月实际就餐天数	应扣除补贴费用金额	备注

二十四、新入职员工餐费补发表

新入职员工餐费补发表

部门：　　　　　　　　　　　　　　　　　　　　　　　　　　日期：

序号	姓名	入职时间	员工部门	当月应就餐天数	应补贴费用金额	备注

注：当月应就餐天数从员工入职当日开始算起。

二十五、夜宵申请单

夜宵申请单

申请部门			申请日期		
申请夜宵总人数			交单时间		
加班赶货内容					
行政部负责人			申请部门主管		
夜宵票经办			厨房经办		
夜宵用餐	部门				合计
人员明细	人数				

说明：1. 夜宵用餐时间为晚上 12：00 ～ 2：30
　　　2. 各部门夜宵原则上需在当天下午 18：00 前提报行政部

二十六、食堂内部客饭招待申请表

食堂内部客饭招待申请表

用餐时间	用餐人数	用餐标准	来宾类别	备注
主管领导				
人力行政部				
分管领导				
申请部门				

二十七、食堂对外用餐申请表

食堂对外用餐申请表

用餐时间	用餐部门	用餐人数	金额	备注
主管领导				
人力行政部				
申请部门（个人）				

二十八、食堂日常工作检查表

食堂日常工作检查表

检查时间	检查地点	出现问题	检查人签字	被检查人签字	备注

二十九、饭菜满意度抽样调查表

饭菜满意度抽样调查表

姓名： 　　　　　　　　　　　　　　　　　　　　　日期：

类别	饭菜名称	制作人	调查结果				
^	^	^	饭菜卫生	荤素搭配	口味	菜品新鲜度	供应分量
套餐			□满意 □一般 □不满意	□满意 □一般 □不满意	□满意 □一般 □不满意	□满意 □一般 □不满意	□满意 □一般 □不满意
^			□满意 □一般 □不满意	□满意 □一般 □不满意	□满意 □一般 □不满意	□满意 □一般 □不满意	□满意 □一般 □不满意
小吃			□满意 □一般 □不满意	□满意 □一般 □不满意	□满意 □一般 □不满意	□满意 □一般 □不满意	□满意 □一般 □不满意
^			□满意 □一般 □不满意	□满意 □一般 □不满意	□满意 □一般 □不满意	□满意 □一般 □不满意	□满意 □一般 □不满意

续表

类别	饭菜名称	制作人	调查结果				
			饭菜卫生	荤素搭配	口味	菜品新鲜度	供应分量
其他			□满意 □一般 □不满意	□满意 □一般 □不满意	□满意 □一般 □不满意	□满意 □一般 □不满意	□满意 □一般 □不满意
			□满意 □一般 □不满意	□满意 □一般 □不满意	□满意 □一般 □不满意	□满意 □一般 □不满意	□满意 □一般 □不满意

不满意的原因：_____

请留下您的宝贵意见或建议：_____

三十、开放日活动检查考核表

开放日活动检查考核表

食堂负责人：　　　　　　　　　　检查人员：

考核项目	考核内容	评分标准	检查结果	分值	得分
物料管理（20分）	主要食品原料必须从正规渠道进货，所购物品必须有供方的卫生合格证或销售许可证	所购原料及食品无正规合格证明，每发现一次扣除5分		5	
	建有采购食品台账，台账记录清晰，当日入账，更新及时	无食品台账扣除2分；台账记录不清晰，未当日记录，更新不及时扣除2分		5	
	蔬菜肉类要求新鲜、洁净无污染，食堂采购的不需加工食品必须达到卫生标准要求，要标有生产日期及保质期限，无霉变、异味现象	所购食材不新鲜；不需加工食材无生产日期及保质期；发现过期变质食材，以上各项一经发现即扣除本项考核全部得分		5	
	原料、半成品、成品的加工存放及使用容器是否存在交叉污染，是否有明显的区分标志，生、熟食品分开，食品存放分类分架，无过期、变质食品	存在交叉感染并无明显的区分标志；生、熟食品未分开且食品存放没有分类分架，以上各项一经发现即扣除本项全部得分		5	
人员管理（17分）	对外聘厨房人员及其社会关系进行严格审核，对所聘人员进行实名登记管理	对所聘人员资质无审核及未登记管理减2分		4	
	所聘人员必须持有效的健康证上岗，定时检查。在加工及出售食品时需穿戴整洁的工作服、工作帽并将头发置于帽内，并挂牌上岗	无健康证并未定期检查，未穿工作服、工作帽上岗，以上各项一经发现即扣除本项全部得分		8	
	所聘人员必须保持整洁，不准佩戴手饰，两手干净，制作食品时禁止吸烟、挖鼻孔、对食品打喷嚏等不卫生行为	每发现一次即扣除本项考核全部得分		5	

续表

考核项目	考核内容	评分标准	检查结果	分值	得分
餐饮质量（24分）	食品食物中出现异物	员工投诉出现异物，且情况属实，即扣除本项考核全部得分，并处罚金××元；情节严重，影响恶劣的，处罚金××~××元		15	
	餐食不熟或口感较差现象	员工投诉每出现一次扣除本项考核全部得分		5	
	每周五下午提供下周菜谱安排，菜单荤素营养搭配合理，种类不少于5种	未按时提供菜谱每次扣2分；菜单与实际不符每发现一次扣2分；荤素营养搭配不合理减2分		4	
服务质量（5分）	所聘人员工作态度良好，服务意识强，无员工投诉	服务态度差，出现员工投诉即扣除本项考核全部得分，并处罚金××元；超过3次即开除此工作人员		5	
卫生质量（34分）	工作间无苍蝇、老鼠，防蝇、防鼠、防尘设备齐全、有效	一经发现苍蝇、老鼠，即扣除本项考核全部得分；无防蝇、防鼠、防尘设备或设备不全即扣减5分		10	
	工作间卫生清洁、地面干净、无积水、无杂物；操作台、油烟机、灶台、售饭车卫生整洁	本项考核内容不合格，即扣除本项考核全部得分		8	
	就餐场所地面及桌椅每日清扫，地面整洁；桌椅洁净无油污	一经检查发现卫生不合格，即扣除本项考核全部得分		8	
	炊具餐具、菜具、熟食容器定期消毒并保持清洁，做到"一洗二清三消毒四隔离"	无消毒作业及未发现消毒记录或记录不清晰、不真实，即扣除本项考核全部得分		8	
合计				100	

三十一、食堂满意度调查表

食堂满意度调查表

为了完善公司食堂管理、持续提高食堂服务质量，让员工更加精神饱满地工作，希望大家从公司及自身实际出发，积极配合，认真、翔实地填写。
谢谢配合！

1. 食堂给您的整体感觉如何？
   A. 环境舒适整洁，饭菜可口　　　　　B. 环境一般，饭菜可口
   C. 环境一般，饭菜一般　　　　　　　D. 环境差，饭菜口味差
2. 您是否熟知食堂就餐的相关规定？
   A. 熟知并认真执行　　　　　　　　　B. 知道一点
   C. 不知道，但自己能管好自己　　　　D. 不知道，去吃就行了，不管那么多
3. 最近三个月您在食堂饭餐中是否发现异物？
   A. 很干净卫生，没发现过　　　　　　B. 没注意，吃饭时已经太饿了

续表

C. 有，发现过一些小的异物
4. 您觉得食堂每餐的汤类味道如何？
   A. 不错，挺好喝的
   C. 一般般，吃饭噎到有得救就好
5. 您觉得食堂饭菜口味怎么样？
   A. 很好啊，比我进过的其他厂都好
   C. 一般般，和其他厂没什么区别
6. 您觉得饭菜的新鲜度如何？
   A. 很新鲜
   C. 一般，偶尔会感觉不新鲜
7. 您对菜品更新速度是否满意？
   A. 满意
   C. 更新慢，偶尔会有
8. 您对食堂餐具的卫生消毒情况感觉如何？
   A. 挺好的，挺干净卫生的
   C. 饿了就吃饭，没注意过
9. 您觉得食堂每餐的荤素搭配怎么样？
   A. 荤素搭配，不油不腻，口感不错
   C. 青菜种类多点就好了
10. 您认为食堂提供的饭菜营养程度如何？
    A. 配餐合理，营养程度较高
    C. 一般，需要提高
11. 您觉得食堂的就餐秩序如何？
    A. 井然有序，人人自觉排队
    C. 大家都争先恐后，没秩序可言
12. 您对食堂的就餐环境怎样评价？
    A. 宽敞明亮，整洁干净
    C. 阴暗，闷热，环境差
13. 您觉得食堂的工作人员服务质量如何？
    A. 和善可亲，服务很舒心
    C. 态度强硬，都不听我们个人的合理要求
14. 您觉得食堂工作人员的个人卫生习惯怎么样？
    A. 不错，整体感觉都挺干净的
    C. 一个字，脏
您还有哪些宝贵意见或建议：

D. 每餐我都有看见，习惯了

B. 还行吧，偶尔味道是可以的
D. 味道不行，哪里叫汤

B. 还行，偶尔味道是可以的
D. 有待提高，没吃过这么难吃的饭菜

B. 还行，需要进一步加强
D. 不新鲜

B. 还行，经常会看到新菜品
D. 从未感觉到变化

B. 餐盘消毒觉得做得不错，筷子不行
D. 没感觉有做过清洁消毒，感觉很不干净

B. 荤菜不错，青菜不好吃
D. 无所谓，没注意过

B. 还行，比较满意
D. 没有营养，只能吃饱

B. 大部分人都排队，个别人插队
D. 自己管自己的，能吃到饭就行了，不管那么多

B. 秩序井然，但环境要改善
D. 环境恶劣，剩菜剩饭弄得到处都是

B. 态度挺好，就是打饭菜时没听过我的要求
D. 不管他，吃到饭就好了

B. 凑合吧，劳动人民哪有那么多讲究
D. 没注意过，不关我的事

第十一章

安保工作管理

第一节 安保工作管理要领

一、安全工作的管理内容

企业的安全工作管理至关重要，行政部必须时时刻刻地紧抓安全，防止安全事故的出现。安全工作管理的主要内容包括以下几方面：

1. 对员工的安全教育

安全教育是从思想上、法规上和技术上对公司员工进行教育培训，使员工不仅意识到安全工作的重要性，而且在技术上了解如何进行安全操作。这样就可以减少或避免事故的发生，从而为减少员工的伤亡和公司的损失提供保障。

2. 进行安全检查

安全检查也是安全工作管理中采取的一种防范措施。安全检查的执行，能在很大程度上降低事故的发生率。安全检查必须由专门的技术人员进行，而且要求员工做好配合工作，如对安全检查工作的监督、对存在隐患的报告等。

3. 意外事故的应对

意外事故的发生一般具有突然性和意外性。因此，企业在平时就应准备好应急抢救方案，在事故发生时按预定方案有条不紊地采取措施并实施抢救。在事后，管理者应及时地进行调查分析，总结经验教训，并加强措施，以减少意外事故的发生。

二、保安工作的管理内容

安全管理的另一项重要内容即安全保卫工作。这一项任务通常是由保安来完成的。因此，企业行政部必须制定好保安工作规范。常见的保安管理措施有以下几条：

1. 设立独立的监察主管

由行政办公部门高层主管直接负责，对保安主管、保安员的职责、行为、操作水平、工作表现、员工满意度、执法上的争议等进行监察并定期向上级汇报，并且要对整改行动进行跟踪，持续复审。以消除保安工作上的失误，完善保安系统以及保安人员对保安政策的执行质量。

第十一章 | 安保工作管理

2. 设立统一的培训中心

保安培训是一门专业科目，培训水平的质量直接影响保安制度执行的质量。可设立保安培训中心，不断丰富培训内容、拓展培训范围、探索培训方法，使保安人员的素质与业务水平高于实际工作的要求，以保证公司的日常运作。

3. 安排保安员的心理辅导与生理调剂活动

保安工作属于纪律要求严格的工作，由于长时间处于心理、生理比较紧张的状态，其身心不平衡的感觉要比从事其他工作者明显。所以，企业管理者须适时安排疏导与调剂活动，以保持公司保安人员身心的平衡和健康，避免意外事件的发生。

第二节 安保工作管理制度

一、安全保卫工作管理规定

标准文件		安全保卫工作管理规定	文件编号	
版次	A/0		页次	

1. 目的
为了使公司的安全保卫工作管理有章可循，特制定本规定。
2. 适用范围
适用于本公司的安保工作管理。
3. 具体规定
3.1 行政办公室负责公司办公区域的安全保卫工作。
3.1.1 办公时间（8：30～17：30）由前台秘书负责来宾的接待引见工作。
3.1.2 非办公时间（17：30～次日8：30及节假日）由行政办公室指定专人负责办公区域的安全保卫工作。
3.2 公司实施门禁管理系统，员工须使用门禁卡进入办公区域。员工应妥善保管门禁卡，如门禁卡丢失要照价赔偿。
3.3 公司实施节假日轮流值班制度，由行政办公室负责每月的值班安排和监督工作，值班人员按时到岗，并认真履行值班职责。各部门具体落实各项安全制度、安全操作规程。

217

3.4 行政办公室夜间值班人员负责每天的开门和锁门，每天晚上值班人员在锁门前要认真检查办公区域内的门窗是否锁好、电源是否切断，保证无任何安全隐患。

3.5 办公区域内的门锁钥匙由行政办公室专人负责保管，并每天早晚按时将办公室的门打开、锁好。一般员工不可随意配置门锁钥匙；财务中心的钥匙由本部门保管。

3.6 公司员工应妥善保管印章、钱款、贵重物品、重要文件等，下班前将抽屉及文件柜锁好，切断电源后方可离开。

3.7 公司行政办公室负责组织有关人员，不定期地对公司办公环境的安全实施监督检查。如有安全隐患，应通知相关部门及时地整改。

3.8 公司所属办公区域的门锁钥匙启用前，须在信息管理中心行政办公室配备一套。行政办公室须妥善保管，以备急需时使用。

3.9 公司物品运出办公区域需填写"出门证"，经有关领导批准后方可搬离。

拟定		审核		审批	

二、出入管理规定

标准文件		出入管理规定	文件编号	
版次	A/0		页次	

1. 目的

为了使公司出入管理有章可循，特制定本规定。

2. 适用范围

适用于本公司的出入管理。

3. 管理规定

3.1 员工出入

3.1.1 员工需佩戴工牌方可进入公司。

3.1.2 员工未佩戴工牌时，保安人员需查明身份及履行登记手续后方可让其进入。

3.1.3 迟到、早退或请假者，须打出勤卡或退勤卡进出。

3.1.4 员工进入生产区应在上班时间内，节假日或下班后禁止员工进入生产区。

3.1.5 因公加班需在休息时间进入生产区者，应提供公司主管签署的证明材料。

3.1.6 员工夜间加班或节假日加班时，出入须遵守以上规定。

3.1.7 员工陪同亲友进入公司时，须办理登记手续。

3.1.8 分公司员工和协作企业员工进入本公司时，亦须办理登记手续。

3.2 来宾出入

3.2.1 凡来宾访客（包括协作企业人员、本公司分公司人员、员工亲友等）进入公司时，一律在传达室办理来宾出入登记手续，交押身份证或其他证明文件，并说明来访事由，经征得受访人员同意及填写"会客登记单"后，领取"来宾卡"，并持"会客登记单"第二联进入公司内，并依下列规定使用。

（1）"来宾卡"佩挂胸前，受访者需在"会客登记单"上签字，来宾将"来宾卡"及"会客登记单"交还给传达室查对后，才可退回证件。

（2）团体来宾参观时，由有关部门陪同方可进入。

3.2.2 来宾来访，除特殊业务需要准许其进入公司外，其余均在会客室面谈。

3.2.3 本公司其他部门人员，因业务原因需进出公司时，除部门主管外，一律先履行登记手续。

3.2.4 不得在上班时间内会客。员工亲友私事来访，在会客室内等候，下班后会见。特殊情况须经部门主管核准。

3.2.5 协作企业人员出入生产区频繁者，由有关部门申请"来宾卡"，凭"来宾卡"出入大门。没有"来宾卡"必须办理登记方可进入。

3.2.6 来宾出入生产区时，保安人员须检查其随身携带的物品，严禁携带危险物品进入。

3.2.7 严禁外界推销人员或小贩进入公司内。

3.3 车辆出入

3.3.1 机动车驶进大门后，应整齐停放在停车场。

3.3.2 运送货品的机动车辆可慢行进入生产区卸货。载物品出公司者亦同。

3.3.3 车辆进入时，须接受检查及办理入公司手续，停靠在指定位置。

3.3.4 车辆出公司时，不论是外单位公务人员的车辆，还是员工的车辆，均须停车接受检查。若载有物品时，需凭"物品放行单"放行。没有"物品放行单"不得载运任何物品出公司（含私人物品）。

3.3.5 本公司车辆出公司时，需凭"派车单"才可放行。

3.3.6 保安人员每天需将"派车单"送公司主管部门备查。

3.4 物品出入

3.4.1 任何物品（包括成品、材料、废料、员工私人物品、工具等），出公司时均须办理"物品放行单"。

3.4.2 保卫人员须仔细核对"物品放行单"是否与实物相符。

3.4.3 "物品放行单"由有关部门填写后送公司主管部门核批。

3.4.4 工程承包者、协作企业及其他业务往来企业或个人携带的工具、机器、物品等，在进公司时先行登记，出公司时凭"来宾卡"核对无误后出厂。

3.4.5 物品进公司时，保安人员需详细检查，如有危险品、易燃品、凶器等，禁止进公司并报告上级处理。

3.4.6 保安人员每天需将"物品放行单"送公司主管部门备查。

| 拟定 | | 审核 | | 审批 | |

三、保安管理制度

标准文件		保安管理制度	文件编号	
版次	A/0		页次	

1. 目的

为了加强保安队伍的管理工作，保障本公司的正常工作秩序，搞好人员接待和车辆、物品出入登记的管理，使保安人员值勤执行任务有所依据，当好企业卫士，确保公司人员、财产、治安、消防安全，特制定本制度。

2. 适用范围

适用于保安人员及保安工作的管理。

3. 管理规定

3.1 保安勤务工作职责

3.1.1 责任范围：本公司所辖全部区域。

3.1.2 主要职责。

（1）贯彻执行公司关于内部安全保卫工作的方针、政策和有关规定，建立健全各项保安工作制度，对职责范围内的保安工作全面负责。

（2）依据制度实施公司人员、财产、治安、消防安全管理工作。

3.1.3 保安队长工作职责：负责保安队伍的建设、全厂安全消防工作，负责监督执行厂纪厂规及保安队内部各项规定，及时把每天所发生异常事件呈报给上级主管，及时地传达、落实上级命令。具体如下：

（1）负责维护管辖区域内的治安秩序，预防和查处安全事故，做好与相关单位的联防工作。队长与队员一样轮流值日，履行保安人员工作职责。

（2）制定各类突发事件的处理程序，建立健全各项安全保卫制度。处理当班突发事件，如发生火灾、偷盗等立即报警，并迅速与消防队、治安办部门联系。

（3）建立正常的巡视制度并明确重点保卫目标，做到点、面结合。

（4）根据所管辖区域的大小和周边社会治安情况，配备相应的保安人员，并对保安人员落实 24 小时值班制度的情况进行监督和检查。

（5）密切保持与保安人员的通信联络，每天不定时巡视管辖区域的安全工作，检查各值班岗位人员的值勤情况并适时进行指导。每日查勤主要有以下检查内容：

① 保安人员仪容仪表。

② 当班保安值班日志及巡逻记录。

③ 物件签收事宜。

④ 人员、车辆、物品出入记录。

（6）完善管辖区域内的安全防范措施，检查安全设施、设备、器材的使用情况，保证其能在工作中达到预定的使用效果。

（7）检查管辖区域内有无妨害公共安全和社会治安秩序的行为，有无违反规章制度的行为，并及时地进行纠正，提出处理意见，跟进处理结果。

（8）协调本部门和其他部门的工作，提高工作效率。

（9）接待员工的投诉，协调处理各种纠纷和治安违纪行为。

（10）负责对本组保安人员的管理、督导训练与考核。做好保安人员的出勤统计、业绩考核等管理工作。

（11）掌握保安人员的思想动态，定期召开队务会议，做好思想沟通工作。定期对保安人员进行职业安全，思想道德和各类业务技能培训。

（12）做好保安队各种内外文件、信函、资料的整理归档，各种通知的起草以及各类案例处理的书面报告。

（13）以身作则，亲力亲为，全面提高安全管理工作的质量，完成上级临时交办的事项。

3.1.4 保安人员工作职责：执行公司的安全、门禁的相关制度并填写相关报表、异常事件。具体如下：

（1）维持公司办公场所内外区域的正常工作秩序、治安秩序，消除隐患于萌芽状态。严格遵守公司的各项规章制度，如有违反，则按公司规定进行处罚。

（2）认真履行值班登记制度，将值班中发生和处理的各种情况在登记簿上做好详细记录，交接班时移交清楚，责任明确。

（3）对来访客人热情有礼、耐心文明地问询和主动引导，维护公司良好形象。尤其是对夜间送货到公司的客户或司机更要热情问候，以礼相待，并负责通知相关部门人员到厂验收货物。

（4）在规定的站岗时间段内，必须服从保安队长安排按要求站岗。

① 站岗时间为上午 8：00 至下午 18：00，每半小时换一次岗。

② 站岗要端正，不得缺岗、误岗，在岗台上的执勤保安不得下岗、蹲岗，随意走动，不能东倒西歪、说话打闹，也不得有其他的小动作，非遇紧急情况不

得走下岗台。

③对于进出车辆，在保安人员视野 5 米之内时，必须行举手礼。保安人员应立定向左／右转体 90 度，并执行车辆左直行手势，在车辆即将驶过时敬礼。

④站岗和执勤时，须穿着公司规定的制服，佩戴工牌。

（5）值班时要高度戒备，加强对重点部位的治安防范，加强防盗活动，及时地发现可疑的人和事，并进行妥善处理。

（6）加强防火意识，如有发现火灾隐患苗头，应立即消除。要熟记厂内各处之水、电、燃料、开关、门锁及消防器材的地点，以免临急慌乱。定期对消防水管进行检查登记，如发现有失效的应立即通知保安队长。重要区域的电灯、门窗等有缺损时，应及时地上报主管部门处理。

（7）负责门卫室日常清洁卫生工作，以保持室内清洁整齐美观。

（8）遵守安全守则，规章制度。严禁员工亲属、老乡和朋友在上班时间来公司会面，有特殊情况者，可代为通知当事者在厂门口见面。

（9）每天下班前须将各类出库单据收齐，送交相关部门备查。配合领导做好下班后值班工作，检查公司办公场所安全状况及宿舍留宿情况。

（10）必须提前十分钟到岗，要以饱满的精神执勤。做好工作交接，正确记录当班值班日志和案件笔录，及时提出相关工作报告。

（11）必须在每月八号下午 16：00 进行训练，非特殊情况，不得缺席。

（12）值班时间按照公司相关规定灵活执行。

3.2 保安工作守则

3.2.1 工作态度。

（1）具有责任心、敬业精神和职业道德。

（2）钻研业务、工作认真、有上进心。

（3）同事之间包容、配合、团结。

（4）对本职工作负责，不拖沓、不积压、不抱怨、不挑拣。

（5）对待业主或来访人员态度谦和、礼貌、诚恳、友善、不卑不亢。

3.2.2 日常行为规范。

（1）爱护公司公共财产、不随意破坏、挪为私用。

（2）及时清理、整理个人工作用具，保持工作环境的干净整洁。

（3）办公桌上不放与工作无关的用品。

（4）未经同意不得翻看他人文件、资料或个人物品。

3.2.3 工作纪律。

根据公司的有关规定和对公司及员工人身财产安全负责的原则，保安人员严格禁止下列行为：

（1）限制他人人身自由、搜查他人身体或者侮辱、殴打他人。

（2）扣押、没收他人证件、财物。

（3）阻碍依法执行公务。

（4）参与追索债务、采用暴力或者以暴力相威胁的手段处置纠纷。

（5）删改或者扩散保安服务中形成的监控影像资料、报警记录。

（6）侵犯个人隐私或者泄露在保安服务中获知的公司商业秘密。

（7）仪容不整，言语行为轻浮、粗暴无礼。

（8）值班时间聚众赌博、下棋、喝酒、看小说报纸、打瞌睡、吃零食等。

（9）对群众、来宾故意刁难或挟怨报复，对员工、来宾或送货人员索取好处。

（10）脱岗、漏岗、睡岗、迟到、早退。

（11）执勤时间内，电话、对讲机私用，影响勤务。

（12）非保安人员进入保安室。

（13）未经许可擅自调班

（14）暴行犯上，不服从指挥。

3.3 门禁管理规定

3.3.1 员工及携带物品出入厂区的管理规则。

（1）员工进入厂区不得携带危险品和违禁物品。

（2）员工未经主管核准，擅自带客参观者，不得进入厂区。

（3）被公司除名或辞工者，拒绝进入。

（4）员工于上班时间外出，没有员工外出单者，或有但未经主管部门核准者，不得出厂。

（5）所有员工出厂不得携带公司产品、文件资料、物料、半成品或工作器具等一切公司所属财产。

（6）人员与车辆出厂时拒绝检查，不得出厂。

（7）所装货物与货单不符者，不得出厂。

（8）货物出厂无货物放行单者或者虽有货物放行单但部门主管未签核者，不得出厂。

3.3.2 厂商人员及货物、车辆的管理规则。

（1）厂商需入厂洽谈，应在门卫室办妥登记手续并经受访部门同意。

（2）来宾车辆进厂须按规定停泊在公司指定的地方。

（3）货运车辆进入厂区时，需出具送货证明并办理入厂手续，保安方可放行，并通知仓库保管部门。

（4）厂商货运车辆出厂时，应出具货物放行单，并清楚填写需放行物品的名称、数量、规格等，并有承办人或部门主管签章，保安人员查验一切合于规定后，方可为其办理出厂手续。

3.3.3 来访人员的管理规则。

对于外来人员及车辆有下列情形之一者，拒绝进厂：

（1）携带易燃易爆及危险物品的人员和车辆。

（2）不明身份、衣冠不整及明显带有恶意的人员。

（3）推销产品、商品及收购废品的人员及车辆。

（4）非洽公人员和车辆且拒绝登记和检查者。

（5）来访人员报不清受访部门及受访人者。

（6）来访人员不能出示有效证件者。

3.3.4 门禁管理注意事项。

（1）厂商车辆及人员进出厂区按本公司规定处理。

（2）厂商、人员进入厂区，除洽谈部门外，严禁擅入未经许可的禁止区域或其他部门，否则受访部门应负连带责任。

（3）离职人员按程序办完手续后，须将个人物品搬至保安室查验，财务部门结算工资后方可离开。

3.4 每日安保事项

3.4.1 保安巡逻检查内容。

（1）保安人员的仪容仪表。

（2）当班保安日志。

（3）防盗系统报警系统和报警联络装置。

（4）员工着装穿戴和工牌的佩戴。

（5）速递快件的签收事宜。

（6）人员、货物和车辆出入管制稽核。

（7）异常事件的处理。

3.4.2 消防系统检查。

（1）灭火器挂放位置是否移动和压力是否足够。

（2）消防栓是否供水。

（3）明火管制稽核。

（4）消防通道是否通畅、疏散和防火标志是否清晰。

3.4.3 安全专案检查。

（1）防爆灯和应急灯的检查。

（2）车辆出入限速。

（3）每天下班对门窗和水电的检查。

3.4.4 厂区秩序的维护。

（1）保安每天要加强巡逻力度，严禁员工在厂区内乱扔垃圾。

（2）严禁员工在禁烟区吸烟。

（3）严禁员工在公共区域衣着不整。

3.4.5 主管所交办的其他事项的稽核。

3.5 紧急或意外事故的处理

3.5.1 火警事故。

（1）发现火灾应立即赶到失火现场查看，并且通知部门主管和厂务经理至火场，当值保安仍应坚守岗位。

（2）若火势较小应立即以灭火器将火源熄灭。

（3）若已使用灭火器仍然无法将火势扑灭时，应火速打119电话，并请求各部门义务消防员支援，同时通知厂内人员或其他重要干部集合员工救火，发挥消防编组功能；指挥员工及来宾向安全地区疏散；保持高度警戒，严防小偷趁机窃取公司财物；通知派出所协助交通、管制事宜；将火扑灭后应清查人员及物品损害情形，并保持完整现场，以供警方处理；在警方处理时，亦注意不能破坏现场，以免影响保险公司的认定理赔；若于下班时间发生火警，须马上组织人员扑灭，若无法扑灭，立即通知119与厂务人员。

3.5.2 台风来袭。

台风来袭时，若员工停止上班，保安人员除了协助防守的防护小组人员工作外，还应完成以下事项：

（1）关闭所有门窗及照明电源。

（2）将散置于室外易于被风吹损坏的物品移于室内或予以固定处置。

（3）注意接听员工电话，转达公司规定的事项。

（4）遇有灾害或须支援时，立即报警求援并报告总务部主管。

3.5.3 员工打斗事件。

（1）若发现员工打斗，应迅速予以制止，将当事人交由主管或厂务经理处理，如当事人不听制止，可与其他人员合力制止。

（2）打斗现场若有其他员工围观时，为防止现场复杂化，应将肇事者带离现场再作处理。

（3）如事态严重，应立即打电话给派出所协助处理。

（4）立场要保持公正，不可偏袒打斗当事人任何一方或加入战局，丧失理智。

（5）若为下班时间,应即刻电话通知保安队长和人力资源部主管或厂务经理；有安全顾虑时，应立即打电话请派出所协助处理。

3.5.4 不良分子前来滋事处理。

（1）保安人员不得与不良分子对打。

（2）关闭大门和所有出入口，勿使不良分子进入。

（3）通知后勤人员和场内主管前来支援处理。

（4）记清来者容貌、特征、人数，有无携带枪支、刀具，乘车种类以及车牌号码、滋事原因等，为警方侦查处理提供依据。

（5）将现场情况报告物业部并随时保持联络，若发生在下班以后应立即通知派出所并电话联络主管。

3.5.5 盗窃事件。

（1）发现可疑人物，应与队长或其他保安人员联系并安排一人监视。

（2）发现厂区物资被盗，应紧急使用报警器和警铃报警，及时地与保卫部门联系。

（3）保护被盗现场。

3.5.6 意外事故。

（1）厂内员工和外来员工打架闹事，保安人员应及时地制止和劝导，避免事态扩大。

（2）员工急病，应立即通知人力资源部或救护员，及时地派人送医院治疗。

3.6 勤务制度

3.6.1 交接班制度。

（1）上下班人员均实行列队管理，按时交接。交班值班员在站队时，必须了解保安人员交接情况，对交接过程中出现的问题应及时地予以解决并向主管领导汇报。

（2）按时交接班，接班人员应提前 10 分钟到达岗位。接班人员未到达前，当班人员不能离岗。

（3）接班值班员在站队时，要向各保安人员讲明交接班注意事项，并做好检查督促工作。

（4）接班人员到工作岗位进行交接，交班人必须向接班人详细讲明待办及注意事项。接班人要详细地了解上一班执勤情况和本班应注意的事项，应做到"三明"（上班情况明，本班接办的事情明，物品、器械清点明）。

（5）在下班前必须填好值班记录，交班人应做到"三清"（本班情况清，交接的问题清，物品、器械清）。

（6）交接的对讲机及其他其器材必须当面检查清楚，发现问题及时地反馈办公室，值班人员要做好记录，并追究当事人责任。

（7）交接时要做好记录并签名。班长（队员）之间必须相互协调做好交接工作，并做好交接记录。

（8）当班人员发现的问题要及时地处理，不能移交给下班人员。

3.6.2 请示报告制度。

（1）保安人员遇有紧急情况和重大问题时，要及时、具体、准确地向上级领导和厂务主管等请示、报告。

（2）对上级领导和厂务主管等有关处置紧急情况的工作指示，要立即坚决执行，执行结果要及时反馈，并做好详细记录。

3.6.3 勤务记录制度。

（1）勤务记录由当班人员负责。

（2）勤务记录的主要内容为上级指示、通知、交办的事项及值班期间发生和处理的问题。记录必须清晰、准确、全面，不得随意涂改，并妥善保管。

3.7 保安室管理办法

3.7.1 保安室纪律。

（1）保安室是保安工作处所，非保安人员无正当理由不得入内，禁止在保安室内吸烟、打电话闲谈、大声喧哗、看书、看报等，违者均按相关规定进行处罚。

（2）保持保安室内的环境卫生，物品放置有序，未经同意，禁止将他人物品存放在警卫室。

（3）所有保安人员对室内的物品及办公用品有义务进行保管、交接，并按正常程序对其负责。

（4）无正当理由，保安室应 24 小时有保安人员值守。

3.7.2 保安器械的保管。

由安全主管负责安排专人保管保安器械，严格遵照保安器械的领用和交接制度并做详尽记录。

3.7.3 保安器械的使用。

（1）保安器械实行专人保管制度，谁使用谁负责，如有人为毁损现象，照价赔偿。如属故意毁损，除照价赔偿外，从重严肃处理。

（2）保安器械的使用规定：

① 制备保安器械的使用说明书和使用方法。

② 任何不当值人员均须将器械交回保管人员登记入库，不得私自保留器械。

③ 依法使用器械，任何人员不得利用保安器械擅自动用私刑。

拟定		审核		审批	

四、门卫管理制度

标准文件		门卫管理制度	文件编号	
版次	A/0		页次	

1. 目的

为维护公司资源安全，确保外来人员、车辆、物资出入安全有序，提高公司形象，特制定本制度。

2. 适用范围

公司所辖的所有场合的出入管理与值班管理。

3. 管理规定

3.1 人员出入管理

3.1.1 公司员工。

上班期间严禁无故外出，除公司总经理、副总经理以及采购、司机等外勤人员外，因公外出者，须持有效的出门凭证；因事或因病请假者，须将有效的请假单交门卫处；因公司原因提前下班（如缺料、断电等），须持公司办公室的有效出门证明交门卫处后方可离开公司。

3.1.2 基建及维护施工人员：外来施工人员如有出入必要，凭个人有效身份证件，在公司办公室办理外来人员登记手续，领取临时出入证，并凭证出入，业务结束后到公司办公室办理出入证注销手续。

3.1.3 政府机关人员及参观人员：如政府机关及外单位参观人员等需进入公司时，由公司经办人代办外来人员登记手续，保安员在参观人员离厂时签注离厂时间。

3.1.4 其他会客人员：原则上在上班时间不得会客，若确有要事，应由保安人员通知该部门领导，报经办公室同意后相关人员至门卫值班室会客，会客时间不得超过20分钟。公司禁止在工作场所会客。

3.1.5 应聘人员：保安人员应要求其办理外来人员登记手续，而后引导其至办公室面试，在应聘完毕后离开公司时，保安人员应签注其离厂时间。

3.1.6 临时或长期住宿在分公司内的员工家属，应在办公室办理出入证，凭证出入。

3.2 物资出入管理。

3.2.1 公司物资。从公司运出物资（包括发往施工现场的物品和加工产生的废品），由仓库开具出库单报部门主管签字批准后，保安人员根据出库单核对物品无误并登记后方可出公司。

3.2.2 外来物品。供货商送货进入公司时，应办理外来人员登记手续，并注明送货的产品名称；出公司时，保案员根据物资入库票据，核对无误后放行。

3.3 车辆管理

3.3.1 对进入公司的车辆进行指引，对车况不良的车辆加强检查，并做好相应措施。

3.3.2 监督公司员工的车辆停放，维持停放秩序。

3.3.3 进入公司的外来车辆，如有损坏公司财物，应报公司办公室，责其照价赔偿。

3.3.4 车辆离开，保安员应对其进行检查，若有货带出，必须出具物资出门单据，与车辆进入登记核对无误后，方可放行。

3.4 日常巡视管理

3.4.1 巡视时间：每天员工下班后、当晚 12：00 以前各巡视一次，次日早晨上班前巡视一次。

3.4.2 巡视范围：公司厂区。

3.4.3 巡视时做到多看、多听，若有问题，立即报公司领导。

3.4.4 下班后对厂区进行巡视，检查水电、门窗是否关闭。

3.4.5 巡视时应注意人身安全，遇突发事件立即汇报，并对事件做好详细记录。

3.5 安全

3.5.1 值勤期间发现有可疑的人或事，应及时地处理并报告办公室。

3.5.2 如发现火警、电器漏电、设备故障、建筑物险情等不安全情况，应立即采取有效措施，并及时地通知有关部门主管。

3.5.3 值勤期间，要做到大门随开随关，门卫室随时要保持有人（特别是遇值班门卫用餐、为完成临时事项需短暂离开等情况），以保证人员、物资、车辆进出得到有效控制。

3.6 考核。

未按规定实施人员、物资、车辆出入登记检查及日常巡视管理，一经发现每次扣减当月收入××元。若因此造成公司物资流失的，按公司规定承担赔偿。

| 拟定 | | 审核 | | 审批 | |

第三节 安保工作管理表格

一、安全检查表

安全检查表

检验项目	待改善事项	说明	备注	复检
1. 消防	无法使用或道路阻塞			
2. 灭火器	已失效、通道阻塞、缺少			
3. 走道	阻塞、脏乱			
4. 门	阻塞、损坏			
5. 窗	损坏、不清洁			
6. 地板	不洁、损坏			
7. 厂房	破损、漏水			
8. 楼梯	损坏、阻塞、脏乱			
9. 厕所	脏臭、漏水、损坏			
10. 办公桌椅	损坏			
11. 餐厅	损坏、污损			
12. 工作桌椅	损坏			
13. 厂房四周	脏乱、废弃、未用			
14. 一般机器	保养不良、基础松动			
15. 空线	基础不稳、保养不良			
16. 插线、开关	损坏、不安全			
17. 电线	损坏			
18. 给水	漏水、给排不良			
19. 仓库	凌乱、防火防盗不良			
20. 废料	未处理、放置凌乱			
21. 其他				

检查员：

二、车辆/人员出入门证

车辆/人员出入门证

姓名或商号、车行		车别		车牌		随车人数	
事由		车辆		入厂重量			
记事栏				出厂重量			
				载货重量			
车辆	□载货车辆 □空车	载货内容及品名：					
出入厂	___时___分入厂	门卫签章		核章发号胸码			
	___时___分出厂						
指定入厂范围				经办人签章			

三、车辆出入登记表

车辆出入登记表

日期	车牌号	车主	驾驶员	车型	载重量	运输物品	来源地或去向地	密闭情况	清洁情况	备注

四、来访人员进出登记表（门卫）

来访人员进出登记表（门卫）

日期	来访人员姓名	单位	联系电话	进厂时间	出厂时间	来访事宜	值班人	备注

五、员工出入登记表

员工出入登记表

日期	姓名	工号/组别	出门时间	进门时间	事由	备注

六、人员放行条

人员放行条

放行人员名单	1.	2.	3.	7.	所属部门
	4.	5.	6.	8.	
申请类别	□办公事　□生产任务不足　□看病　□工伤　□离职退房　□其他请打"√"选择					
外出原因	因＿＿＿＿＿＿事，需出厂，请给予批准！				
保安填写	出厂时间　＿月＿日＿时＿分			回厂时间　＿月＿日＿时＿分	
批准人				值班保安	

七、物品放行条

物品放行条

公司名称：＿＿＿＿＿＿　　　　　　　部门：＿＿＿＿＿＿
申请放行日期：＿＿＿年＿＿月＿＿日
携带物品人：＿＿＿＿＿＿　　身份证号码：＿＿＿＿＿＿
物品名称/数量：
1.＿＿＿＿＿＿＿　　　2.＿＿＿＿＿＿＿　　　3.＿＿＿＿＿＿＿
4.＿＿＿＿＿＿＿　　　5.＿＿＿＿＿＿＿　　　6.＿＿＿＿＿＿＿
7.＿＿＿＿＿＿＿
公司盖章：＿＿＿＿＿＿＿＿　　　　日期：＿＿＿＿＿＿＿
物品核查人签字：＿＿＿＿＿＿　　　日期：＿＿＿＿＿＿＿
保安部人员签字：＿＿＿＿＿＿　　　日期：＿＿＿＿＿＿＿
部门经理签字：＿＿＿＿＿＿＿　　　日期：＿＿＿＿＿＿＿

八、消防设备巡查表

消防设备巡查表

日期		班次		巡查员	
项目	区域	位置		存在问题	部门
消火栓					
手动按钮					
排烟口					
防火门					
探测器					
喷淋头					
疏散楼梯					
安全通道					
可燃物堆放					
消防电梯					

九、防火安全检查表

防火安全检查表

检查部门： 　　　　　　　　　　　　　　　　　　　　日期：

检查内容 \ 部门										备注
全面检查	消防设施及器材									
全面检查	防火通道									
	现场环境									
	违章情况									
	其他									
重点检查	操作人员									
	防护设备、报警装置									
	作业条件									
	其他									

检查员：

注：此表一式两份，总务部和行政部各存一份。符合要求划"√"，不符合要求划"×"。对不合格项目由检查部门下发整改通知单限期整改。

十、防火安全及安全生产检查表

防火安全及安全生产检查表

检查内容	部门	采购部	原料库	市场部	备注
防火安全检查	消防设施及器材				
	防火通道				
	现场环境				
	违章情况				
	其他				
安全生产检查	操作人员				
	防护设备、报警装置				
	作业条件				
	其他				

注：此表一式两份，保安部和行政部各存一份。符合要求划"√"，不符合要求划"×"。对不合格项目由检查部门下发整改通知单限期整改。